THE UIST COLLECTION.

THE
POEMS AND SONGS

OF

JOHN MAC CODRUM,

ARCHIBALD MACDONALD,

AND SOME OF THE MINOR UIST BARDS.

EDITED WITH INTRODUCTION AND NOTES
BY

REV. ARCHIBALD MACDONALD,
KILTARLITY.

GLASGOW:
ARCHIBALD SINCLAIR, 10 BOTHWELL STREET
HENRY WHYTE, 4 BRIDGE STREET
EDINBURGH: NORMAN MACLEOD, THE MOUND
OBAN: HUGH MACDONALD, THOMAS BOYD

1894

TO CLANRANALD,

THE CHIEF OF THE SOCIETY OF HIS CLAN,

THE HEAD OF AN ANCIENT AND RENOWNED BRANCH

OF THE HOUSE OF SOMERLED,

LONG AND HONOURABLY CONNECTED WITH, AND STILL

LOVINGLY REMEMBERED IN THE WESTERN ISLES,

WHO HAS ILLUSTRATED THE FAME OF HIS ANCESTORS

THE KINGS OF INNSE-GALL

BY DISTINGUISHED SERVICE IN THE BRITISH NAVY,

THIS SMALL VOLUME OF HEBRIDEAN SONG

IS RESPECTFULLY DEDICATED BY

HIS CLANSMAN THE EDITOR.

MEMORIAL TO JOHN MACCODRUM
1710—1796.

PREFACE.

THE Uist Collection consists of the works of John Mac Codrum, Archd. MacDonald, and some of the minor Uist bards. Many of these were scattered through various collections such as Mackenzie's, Stewart's, Ranald Macdonald's, and others, while a considerable number were collected by the Editor in South Uist. It is due to the memory of the late Donald Laing, crofter at Howmore to say, that most of the valuable Mac Codrum poems, for which I am indebted to tradition, were taken down from his recitation, the probability being that many of them would otherwise have died with him. He had few equals in his day as a reciter of Gaelic poetry. I have also to express my indebtedness for notes, improved readings, as well as some of the poems, to the Rev. R. MacDonald, South Uist, and I have to express similar obligations to another Son of the Uist soil, the Rev A. J. MacDonald, Killearnan, whose Celtic knowledge and enthusiasm were always stimulating and encouraging. I crave the indulgence of Gaelic readers in regard to the many imperfections with which, notwithstanding the assistance of kind friends, the book I fear must abound.

It is gratifying to know that by this time a handsome memorial, got up by the Glasgow Uist and Barra Association, and supplied by Mr. Robert Gray, Sculptor, Glasgow, has been placed over the ashes of John Mac Codrum in the old Churchyard of Kilmuir. A fine tone block of this monument, produced from a photograph, is given as a frontispiece.

KILTARLITY, 1894.   A. MacD.

ERRATA.

Introduction, Page xi, line 5,—for "eighth" read ninth decade.

Page xxviii, line 10,—for "one John" read Alexander.

,, xxxii, line 22,—for "when" read where.

,, xl, line 14,—for "making" read makes.

,, xlii, line 10,—for "poems" read poem.

,, 71, line 1,—for "*leat*" read *leap*'.

,, 74, line 20,—for "*eug*" read *rug*.

,, 76, line 5,—for "*smiorla*" read *smiorala*.

,, 82, line 4,—for "*seòltaibh*" read *sròltaibh*.

,, 87, line 5,—for "*dùsgach*" read *dùsgadh*.

,, 87, line 22,—for "*ghaisgeadh*" read *ghaiseadh*.

,, 165, line 8,—for "*tit*" read *tìr*.

,, 170, line 14,—for "*sanndach*" read *sùnndach*.

,, 178, line 18,—for "*Plobair*" read *Plobairean*.

,, 182, line 3,—for "wordly" read worldly.

,, 186, last line,—for "times" read tenure.

,, 200, line 22,—for "*cathad*" read *cathadh*.

INDEX.

INTRODUCTION.

John MacCodrum.

THE poet may well be called the child of Nature, for he comes from Nature with his mystic powers and goes to her for the machinery of outward expression. As he is indebted to Nature alone for the divine breath which wafts him to the land of visions and of dreams, so he obtains from her the drapery of thought, the images wherein his thoughts may be enshrined. From Nature come the soul and essence of poetic life—"the thoughts that breathe;" from Nature also emanates the accidental form in which the spirit of the bard seeks to utter itself—the local habitation in which his genius folds its wings and rests. The true spirit of song, nature-born, and compelled from the inherent impulse of its being to become articulate, goes forth with the instinct of true filial love to greet its great mother; and she is ever responsive to its call, for, as Wordsworth, her high priest among poets, says, "Nature never betrayed the heart that loved her." How true, therefore, are the words of our great national poet :—

> " Oh ! Caledonia, stern and wild,
> Meet nurse for a poetic child "—

and in what a real sense has the sympathy between that child of song and nature, embodied as it has been in fascinating creations, made our country more than ever Scottland. The natural scenery amid which a poet's lot is cast does not alter the essential character of his gifts ; but it has a vast influence upon the external form of his verse. They were the surroundings of his rural life which the inspired Ayrshire ploughman glorified by the light of genius ; the marvellous strains of " Ben Dorain " are half accounted for when we behold the mountain in whose glens and corries Duncan Bàn Macintyre spent so many of his days ; for him to climb its steeps, to breathe its bracing air and see its soothing visions, was to reach the summit of Parnassus.

It can hardly be denied, even by the most bigoted Saxon, that the Highlanders are a poetic race ; and if they have sung in strains of surpassing tenderness and passionate emotion they have been consciously or unconsciously moved by the soul-inspiring scenery of their land, the

> " Land of brown heath and shaggy wood,
> Land of the mountain and the flood."

Yet, even apart from their surroundings, the Highlanders are a race of minstrels ; in circumstances and under conditions where nature is least lavish with her charms they have

sung with power and melody. The light that never was on
sea or land brightens up the waste and makes the moorland
beautiful. Take, for example, that portion of the outer
Hebrides which comprises Harris and Uist. In many
respects nature has been less kind to these regions than to
other favoured islands of the western sea; yet they have
been the nursery and cradle of much of our finest Gaelic
poetry. We do not, of course, accept of Professor Blackie's
once famous lines, in which he addresses the Long Island
thus :—

> " O God-forsaken, God-detested land
>   Of bogs and blasts, and moors, and mists, and rain,"

as a true description, or as anything else than "good-natured
banter." In its unrivalled sunsets, in the ever-shifting scenery
of its cloudland, and the grand swell of its unresting sea, the
Outer Hebrides possesses unique and striking features of its
own. Yet the absence of soft and sylvan beauty is a great
defect—looking at that country as a nursing mother of the
bards. It is thus the more remarkable that it has produced
so many bards who may be placed high upon the roll of
fame. That land claims as its children Mary Macleod, the
poetess of the Dunvegan Chiefs; Hector Macleod, the
author of some exquisite pastorals; Archibald MacDonald,
the special humourist among the bards; Nial Mac Mhuirich,
the bard and seannachie of the Clanranald; An Ciaran
Mabach, a poet of power and culture; Iain Gobha, whose
works are being so ably edited, and who has the conspicuous
distinction of having embodied the evangelical type of theo-

logy in ingenious and flowing verse; and last, but not least, John Mac Codrum, the family bard of the MacDonalds of Sleat. To these, other sweet singers might be added, whose flight was not strong enough to gain for them so high a niche in the temple of fame.

John Mac Codrum, or as it should most probably be spelt, John Mac Odrum, was known to his Countrymen as *Iain Mac Fhearchair 'Ic Iamhair.* It is stated that on one occasion a Skye bard, Mac-a-Leoir (Maclure)* by name, came all the way to Uist to satirise him, and addressed him thus :—

> " Iain 'Ic Fhearchair Ic Odrum nan ròn
> A thòisich air an droch ceàird ;
> Ard éisg nan droch fhilidh,
> 'S feàrr dhòmhsa do thilleadh tràth.

It has been alleged that the Mac Codrums—a name long extinct—were a sept of the MacDonald clan, but whether this statement is founded on fact it is very difficult to say. There are certain legendary associations connected with the name which probably account for its origin.

It is undoubted that the Norwegian occupation of the Western Isles, which lasted for three hundred years power-fully affected the place-names as well as the folk-lore and

---

* It was the same Mac-a-Leoir who afterwards, on a particu-larly cold day, and in remembrance of the bare, shelterless nature of the Uist links, said, " *'S luath fear na droch mhna air a' machair Uidhisteach,*" probably thinking that a man with a thriftless wife would be poorly clad, and to keep warm would walk fast or run.

traditions of the Hebrides. *Lochlann*, the Gaelic name of ancient Scandinavia—including Norway and Denmark—figures largely in West Highland tales. Mac Codrum's native district bears distinct traces of Norse influence in its legendary lore, and the name of the Scandinavian god, Odin, has left a manifold impression. *Caisteal Odair* (Odin's castle) is still pointed out on the farm of Griminish. *Leum Odair* (Odin's leap)—twelve miles long!—has left ineffaceable traces there, for the gigantean marks of the god's heels, penetrating several feet into the hard, rocky ground, are visible to this day. On the same farm also, *Ceann Odair* (Odin's head) is said to have been buried.

How the Mac Codrums came to be associated with the *phoca*, as shown in Mac-a-Leoir's satire and the traditions of North Uist—named as they were, *Clann 'Ic Odrum nan ròn* (The Mac Codrums of the seals)—is certainly a curious enough point. At anyrate it is plain that the seal was, in the legendary lore of the district, connected with the Norse mythology. Griminish, so much associated with Odin, was in olden times entitled to one half of the produce of the seal rock of Haskeir, a valuable property in those bygone times. The natives of the district were wont to make annual excursions to this rock in mid ocean to kill the seals, which they did with their clubs, bearing home with them this oily harvest of the deep. The oil was useful in various ways, the skin was utilised for home-made ploughing harness, and the leanest of the flesh was cooked and eaten. *Tha slabhraidh gun fheum an tigh Mhic Uistein* was a well-known saying applied to a famous

seal-hunter when the chain for hanging the pot over the fire
was unused owing to the supply of seal flesh being exhausted.
But more interesting still is the mythological phase of this
seal-hunting. In Uist legend it was believed that the seals
were what was called *Clann righ fo gheasan*—that is the
children of a Scandinavian king under an enchanter's spell
—an idea possibly derived from the large, full, soft eye of
the seal, with its appealing, semi-human expression. Hence,
on one occasion a hunter aiming at a seal with his gun or
bow heard the creature begin to sing, in a voice of super-
natural beauty, a song lamenting the loss of her dear ones,
of which the following are the chorus and a verse :—

> " Ho i ho-o ! hi-o-hao !
> Ho i ho-o ! hi-o-hao !
> Ho i ho-o ! hi-o-hao !
> Cha robh mise m'ònar an raoir.
>
> 'S mise nighean Aoidh Mhic Eoghain
> Gur eolach mi air na sgeirean
> Gur mairg a dheanadh mo bhualadh
> Bean uasal mi a tir eile."

Upon hearing this the hunter retired, not a little astonished
at what he had heard.

It is also said that after a slaughter of seals an old lady
seal had been seen at night visiting the place where the
slain were deposited, and recognising some of her own
family among them she sung with unsurpassable pathos the
song, of which this is a part :—

> " Spog Fionghall, spog Fionghall,
> Spog Spaidreig, spog Spaidreig
> Spog mo chuileinn chaoimh chaidrich."

The connection of the seal with the remains of Norse mythology in Uist is clearly seen in this fact, that at the time of the annual visit to the seal rock—*Bualadh na sgeire* —a horse racing was held in the district, and there are many still living who remember it, which was called *An Odaidh*. There can be little doubt that this function was the survival of a Pagan festival in honour of the Scandinavian god Odin, who was so much connected with the district, and that its observance was continued as a propitiation for the slaughter of the seals. Thus do heathen customs and traditions continue after ages of Christian culture, and after they have lost all meaning to those who observe them.

The supposition was that *Clann Ic Odrum*,* for some reason or another, were of the kith and kin of the *phocæ*, the children of the Scandinavian king or god, and not improbably they were called originally Clann Odain, afterwards Clann Mhic Odain, which was easily transformed into Mac Odrum. What the reason of this association with the seals can only be a matter for speculation; but it may be accounted for by some old tradition that the Mac Codrums were of Norse extraction.

Mac Codrum's birth-place he has immortalised in a verse of "Smeòrach Chlann Dòmhnuill," a song composed to his favourite clan, the MacDonalds of Sleat.

---

* It was said that a woman of the same surname, and probably lineage, as the bard, used to be seized with violent pains at the time of the annual seal hunt, out of sympathy, it was supposed, with her suffering relatives.

" An Cladh Chòthain rugadh mise
'N Aird a Runair chaidh mo thogail
Fradharc a' chuain uaimhrich chuislich
Nan stuadh guanach cluaineach cluicheach."

The district in which our bard was born and brought up abounds in ecclesiastical names, and was undoubtedly in olden days the seat of Church authority in the island. The church and glebe of the parish are located there, as well as more extensive tracts of kirk lands in pre-Reformation times. The Virgin Mary was the patron saint, for the old name of the parish, as well as the church, was Kilmuir; there are the penny lands of Mary, adjacent to the glebe, called *Peighinn Muire*, and it is said that part of the old vicarage teinds of North Uist, prior to commutation, was a young seal, designated *Cuillean Muire*. *Ard-a-Runair*, where the poet was brought up, is a promontory jutting out into the Western Sea. The name means the point of the secretary, or clerk, probably applied to the inferior functionary known as *fear-sgriobhaidh* in the mediæval church. *Cladh Chòthain*, where Mac Codrum was born, lies close by Aird-a-Runair, a burying-ground named after a well-known saint, who has also been perpetuated in Kilchoan, Ardnamurchan, and elsewhere. Not far off is *Eilean Drostain*, called after another saint; and there is a rock quite near to the poet's birth-place, called *Sgeir na Circe*,* where there

---

* (Eng.) Church, (Scot.) Kirk, (Germ.) Kirche, are different forms of the same word—connected with (Gr.) κυριακòs. Hence *circle* that being the form of the earliest religious structures.

must have been a church at one time—all showing the ecclesiastical character of that region.

Mac Codrum's life was outwardly uneventful. Like many of his poetical compeers, he had the double disadvantage of being poor and illiterate. It is said of this witty votary of the unlettered muse that, on one occasion, Alexander MacDonald, the Ardnamurchan bard, said to him, "'N am biodh an dà theanga agad 's tu bàrd a b' fheàrr na mise" (If you had the two tongues you would be a better bard than I). To this John replied, "'N am biodh na dà chànain 's an aon teanga dh' fhoghnadh e" (If I had the two languages in the one tongue it would suffice). Mac Codrum knew only his native language, but in his hands, as in those of all the best Gaelic bards, it was a powerful vehicle for expressing the manifold phases of human thought and feeling.

Little is known to us of his life save what is associated with his poems, as well as with those witty impromptu verses and remarks which have more or less survived in the oral tradition of his countrymen. We are not told that he lisped in numbers with the same infantile precocity of Rob Donn. The earliest effort of his muse was Oran na bainnse, a satire composed upon a wedding which, with some other lads, he endeavoured, uninvited, to attend. There were always three social grades on these occasions. The esoteric circle consisting of the immediate friends of the young couple, the schoolmaster, and possibly the officiating minister, occupied the ben; in the other end of the house—the butt—the next grade, with the cattle for their immediate neighbours, were regaled with good cheer; while outside a promiscuous assembly of neighbours received hospitable, though rudely-served, fare. In this crowd young Mac Codrum and his friends appeared, but being regarded as intruders they were debarred from joining in the hospitalities of the festive scene. The young bard resented the treatment, and poured forth his contempt for the bridegroom in vigorous though somewhat broad lines. Like the juvenile efforts of most bards, it adds nothing to its author's fame. Yet it possesses some interest as the first effort of Mac Codrum's muse, and as affording promise of his future style. As might be expected, although the author's name was not divulged, the satire was keenly resented by the bridegroom against whom its shafts of ridicule were directed. *Fearchar*, the poet's father, who is said to have been a pious man, having discovered that John was the author, advised him seriously not to injure the fair fame of the family by any further exhibitions of levity. It was a hard piece of self-denial to impose upon a mind that was awakening to its poetic power. Yet it is said he obeyed his father, repressed the rising tide of inspiration, and not only refrained from perpetrating offensive satires, but totally abstained from verse. After his father's death Mac Codrum again mounted his Pegasus, and to such purpose that Sir James MacDonald of Sleat, then proprietor of North Uist, made him his family bard, with an annual pension. This gratuity, it is said, took the form of five bolls of meal, and when the bard received intimation of it from the lips of Sir James himself he is reported to have used his poet's license with good effect—"Gu neart-aicheadh Dia sibhse Thighearn," says John, "'s maith an t-aran, ach b' fheàird e 'n t-annlan," whereupon the original order was supplemented to the extent of five stones of cheese.

During his lifetime, which extended from the early years of the 18th century down to somewhere in the eighth decade, five or six of the MacDonalds of Sleat were proprietors of his native island. In his elegy to Sir James, who died at Rome, he mourns their early death, and celebrates their noble qualities :—

> " Sinn ri iargainn nan curaidh
> Nach robh 'n iasad ach diombuain
> Gun fhear liath a bhi uil' air an làraich.
>
> .   .   .   .
>
> Chaill sinn còignear no seisear
> De na connspuinn bu treise
> Nach robh beò ann am Breatunn an àicheadh."

They were all men of intelligence, some of them of exceptional intelligence, culture, and ability. Their appreciation of the peasant genius prompted them to deal kindly and generously with him, and the gratitude he expressed in no unstinted measure in many eulogistic strains was the offspring of true attachment.

A Greek poet has remarked that there is no other remedy for love, either in the way of salve or plaster, except the muses. The history of literature shows that the poet, of all mortals, is the most susceptible to love. Love songs constitute no small element in the lyrical department of the poetry of nations. As love has often nerved the warrior's arm to doughty actions, so "in peace love tunes the shep-

herd's reed." To the poet, keenly alive as he is to all out-
ward influence, in whom the fair aspects of nature stir such
profound and genuine emotion; whose enthusiasm is
kindled by heroic deeds; whose reverence is quickened by
goodness, human or divine, female loveliness and grace
can hardly fail to be attractive. Nor have the hearts
of our Gaelic bards, as a rule, been callous to the claims
of beauty. Distinguished and obscure, they have sung
of their loves in verses of immortal tenderness. John
Mac Codrum is one of the few exceptions. The other
strings of the Gaelic lyre have, at his touch, responded with
a music that still powerfully moves the hearts of his coun-
trymen. Clio Melpomene and Thalia have not in vain
been invoked. He has sung of living goodness and de-
parted worth, and celebrated in warlike measures the heroes
of his native land; he has sung of the uncertainty of life,
the evanescence of youth, and the sorrows of old age; she
"in heaven yclept Euphrosyne" has been responsive to his
beck, and "laughter, holding both his sides," has not been
slow to follow. But if ever he experienced the tender pas-
sion he very carefully prevented its appearing in his poetry.
Anacreon complains in one of his odes of his own too amor-
ous nature, for whatever theme he wished to celebrate in
song, whether the brave deeds of the Atreides, or the ex-
ploits of Cadmus, his lyre would ever answer in the strains
of love. He and John Mac Codrum were in this respect at
the poles of inspiration. The only woman whom Mac
Codrum ever praised in song was the celebrated Flora
MacDonald, to whom the last two verses of his eulogy

to her husband, Captain Allan MacDonald of Kingsburgh, were devoted. But the virtues he reverenced in her were not those of the specially feminine type, but rather the heroic qualities which have given her a name in history :—

> " Thug Dia roghadh céile dhuit
> Rinn mais' 'us féill ri dàimh,
> Rinn an gniomh bu smiorala
> Rinn bean a tha no bha ;
> Le barrachd uaisl' 'us righealachd,
> Ghluais i anns na gniomhara,
> Thug seanachas buan do linneachan,
> Bheir cuimhn' an déigh a bàis."

The probability is that John passed through life unscathed by the arrows of the winged god, esteeming the daughters of Eve not even one of nature's agreeable blunders, and in no sense the special gift of heaven. In classifying his poems, therefore, love-songs are a blank, and the rest may be arranged as *Satirical, Patriotic, Ethical, Elegaic.*

I.—SATIRICAL SONGS.

Classical Gaelic poetry has not been wont to look at the ludicrous aspects of things. Its humorists have been few and far between, as scarce as roses in December. Generally speaking, the Gaelic bards have been a serious race, whose gravity is not very often relieved by the sunshine of a laugh. They can make us weep and shudder, admire and muse, but they are not fond of tickling our fancy with merry thoughts. They seem to think that the ludicrous aspects of existence are unworthy of the dignity of rhyme. The genius of the people seems to have received a melancholy tinge—perhaps from the frequent wildness of the scenery amid which their lot was cast, perhaps also from the struggle for existence involved in an unproductive soil, and a normal condition of warfare. Their music seems to a stranger to be characterised by sadness, and to be pitched upon a minor key; the note of the *piobmhor*—the national instrument—is shrill and wailing. In harmony with this characteristic, the more ancient types of Gaelic poetry, such as we find in the Dean of Lismore's book and other Ossianic collections, as well as the more outstanding Gaelic poetry of the last three hundred years, seem greatly lacking in the spirit of humour. It is only as a comparatively modern development, arising possibly out of closer contact with non-Celtic phases of culture, that a spice of humour has been infused into the literature of the Gael. There is only one Gaelic bard who is distinctly comic—Archibald MacDonald—and even the satires of well-known bards like Iain Lom, MacDonald, Macintyre, and Rob Donn, are not of a kind to make us laugh. They are scurrilous and abusive, hearty earnest and powerful in their expression of dislike, but seldom funny. Mac Codrum may fairly be given the first place among Gaelic satirists. His satires are not merely vituperative—they are always amusing, and at times they abound in most exquisite wit. He generally avoids the coarseness which disfigures the satires of some others of our great bards, and he does not indulge so largely in fierce personalities, he simply revels in the ludicrous aspect which the object of his satire for the moment presents. In one of his fugitive snatches, than which none is more characteristic of his gay and satirical wisdom, he indulges in that tone of raillery which was his favourite one towards womankind. It is called "Oran nam bantraichean," and as only a fragment of it is extant it may be given here. John had buried his second wife, and he more than hints that he, an eligible widower, was the object of embarrassing attentions from the widows of the district. He does not appear to have needed that sovereign cure for gout which Tony Weller "took reg'lar," and recommended to those similarly afflicted, namely, a widow with a strong voice and a disposition to use it. Whether he succumbed to the charms of one of these experienced sirens in his third matrimonial experiment it is impossible to say. The satire of the verses is directed , as much against himself as against the widows, and the subject is disposed of in his light and airy fashion :—

ORAN NAM BANTRAICHEAN.

" Tha na bantraichean 'g am àrach,
'S gun agam mu dheighinn pàirt diubh,
Och ! Och ! mo chall 'us mo nàire,
Falbhaidh mi 's fàgaidh mi 'n tir.
   Theireadh iad gur mi 'n coireach,
   Mi 'n coireach, mi 'n coireach,
   Theireadh iadsan gur e mise 'n coireach,
   Ged a theirinn-sa nach mi.

'M Peabuill 's a' Sannda 's a' Sollas,
Gu'm bi dream dhiubh anns gach dorus,
Leis mar a chuir iad 'na m' bhoil mi,
Theid mi' Sgorr am faigh mi sìth.

Thuirt té dhiubh le còmhradh caoimhneal ;
' 'S maith a b' airidh e air maighdinn
'S maith a cheannsaicheadh e raoin' *
An dorus faing ged bhiodh i stri.'

Thuirt té eile gu ceol spòrs doibh,
' Ciod e 'm fath dhuinn 'bhi 'ga thòrachd ?
B' fhearr leis bhi falbh leis na h-òrain,
Na bhi dòrainn ri cois-chruim.'

'Sin 'nuair thuirt Bàilidh an Tighearn, .
' 'S ann tha 'm *baini* † ort a' tighinn,
'G iarruidh gu pòsadh rithist,
'S tu 'n déigh dithis chur do 'n chill.

Thuirt fear Ghriminis gu fiadhaich
'S e tarruing bucuis air fhiaradh,
' A faca sibh riamh cuis mhi-thlachd,
Ach fear liath gun chiall gu mnaoi ? ' "

Another specimen of the bantering style which Mac
Codrum adopted towards women is a series of complaints
against his wife, for real or imaginary mismanagement of
those domestic matters which directly bore upon his own

---

* The word *raoine* is not, we believe, in books or dictionaries.
It is, however, quite intelligible in Uist, though not quite so common
or current as it was forty years ago. It means a young barren
cow that had a calf, or perhaps two ; but being barren, and hav-
ing " cuid a laoigh air a leis," *i.e.*, the calf's part or share (of
milk) on her thighs, she would be strong and difficult to lay hold of
and manage at the time of shipping. Hence the propriety of the
supposed compliment to Mac Codrum's strength.

† A corruption of the English word " mania."

comfort. It sheds a vivid light upon the social economy of
the Highland people in these bygone times. In every well
regulated establishment, even of the humbler sort, linen
cloth and sewing thread were woven and spun from the
home-raised flax; and even now, where the old habits are
lingering, the wool of the native sheep is manufactured
locally into *clò*, or Highland tweed, than which none is a
better protection from the fierce winter blasts that sweep
over the Western Isles. Hence John Mac Codrum was not
unreasonable in saying :—

> " 'S eiginn domh 'n t-anart
> A cheannach gu léine,
> Dh' aindeoin no dh 'éiginn,
>   Ged tha mo bhean beò.
>
> 'S eiginn domh rithist
> Dol an iochd na cloinn nighean,
> Ag iarradh a nighe
>   Ged tha mo bhean beò.
>
> Cha beag a chuis anntlachd
> 'S gun mi gann de na caoirich,
> A bhi ceannach an aodaich
>   Ged tha mo bhean beò.
>
> Ge beag e ri ràdh
> Tha e nàr leam air uairibh,
> Bhi air faigh an t-snath fhuaighill,
>   Ged tha mo bhean beò.
>
> Cha 'n fhuiling a chlann* domh
> Bhi ri streampull no briodal ;
> Chual iad gu cinnteach
>   Gu bheil mo bhean beò.

---

* Clann, prov. for young women.

Tha i mall air a lamhan
'S i dana ga labhairt ;
'S e dh' fhàg mi gun samhuilt.
  Mo bhean a bhi beò.

'S truagh nach robh mise
'S gun ise 'm *Virgini,*
Far nach deant' orm innse
  Gu bheil mo bhean beò.

Chuirinn teachdaire romham
Gu iomall gach sgìre,
Dh' innseadh gu cinnteach
  Nach robh mo bhean beò.

Gheibhinn té òg ann
A chòrdadh ri m' inntinn,
'S cha chluinneadh i chaoidh
  Gu bheil mo bhean beò.

Mac Codrum composed a satire on the tailors of the district,
but only an incomplete version seems to survive. With
other Highland bards he shared the Highland prejudice
against the members of this most indispensible craft.
It is not difficult to trace the origin of this somewhat un-
reasonable contempt, which still lingers among Mac Cod-
rum's countrymen.   In days when war was the normal state
of society in the Highlands, and the chase was the chief
occupation in times of peace, every man entitled to the
name led the life of a hunter and warrior, and the tailor's
trade, which demanded no extraordinary muscular develop-
ment, was relegated to those to whom nature had denied a
manly physique.   If there chanced to be a sickly, lame, or

otherwise deformed lad in a family, to him was committed
the task of making the clothes of the community. Hence
the tailor became typical of those qualities of physical weak-
ness which the half-civilised man in every country despises,
and the traditionary notions which invested the tailor with
these undesirable attributes have survived the conditions
from which they sprung. The saying is still current in the
Highlands :—

> " Cha bu duine tàillear ;
> Cha bu duine dhà dhiubh ;
> Chuireadh am fitheach le creig
> Dà fhichead 's a dhà dhiubh ! "

The composition of " Oran nan Tàillearan " was not, as has
been alleged, the cause, but rather the effect of an incon-
venient and irksome state of raggedness. Repeated de-
mands upon the services of various sartorial acquaintances
had no effect, until at last John, being very much out at
elbows, gave vent to his resentment in some satirical verses,
of which the following are all that remain :—

> " Saoil sibh fein nach mòralach
> An spòrs a bha 's na tàillearan ;
> Faire ! faire ! co bhiodh ann,
> 'Na foghnadh danns 'us gàireachdaich :
> Ma bheireas dragh no trilleach orra ;
> Drip le mnaoi no pàisdean,
> 'S ann a chithear feadh na tire iad,
> 'Nan aoidheachdaich 's nan anrachdaich.*

---

* "Nan aoidheachdaich 's nan anrachdaich.''
Aoidheachdach is derived from *aoidh*—a guest ; first, of course, in

'M b' aithne dhuibhse mhnathan
A mac-samhuilt aig na tàillearan ;
'N am éirigh anns a' mhaduinn
Gun dad ac' a chuireas blàths orra ?
A h-uile sion de 'n riatanas
'Ga iarraidh air na nàbaidhean,
'S an té bheir ultach mòine dhomh
Bheir Dia na glòire pàigheadh dhi.

Labhair mi ri Mac-a-Phiocair,
'Se ghealladh tric a shàruich mi ;
Gheall e 'm bliadhna, gheall e 'n uiridh,
Dh'uirich e 's cha d' thàinig e ;
' Cha dean mi tuilleadh briodail riut,
Bho'n tha mi sgìth dhe t' àbhartan ;
Gur truagh nach d' rinn iad greusaich dhiot
'S gu 'm biodh na breugan nàdurra !†'

---

a good sense, but a man who taxes too much the hospitality of
his friends, becomes contemptible, and is called an *aoidheachdach*
—a "sorner." *Anrachdach* probably comes from the word *rath*—
fortune, or luck, or prosperity—with the privitive *an* prefixed, so
that it would first be *an-rathach*, an adjective ; *an-rathachd* being
the noun. With the common termination *ach* added, the above
noun might very easily become *anrachdach.* It means a miserable
wanderer, in fact, a tramp, without the idea of vicious practices.
The shorter word, *anrach*, is in Neil Macleod's " Gleann 's a' robh
mi og," in the sense of a wanderer, but does not seem to involve
any degradation, but may mean honest poverty, still a state men
will look down upon.

† Why this craft were supposed to be exceptionally untruthful it
is hard to say.

Labhair mi ri Mac-an-t-Saoir,
Cha b'. ann aon uair bha mo chàirdeas ris ;
B' eòl domh agus b' aithne dhomh
'Thaobh athar.'us a mhàthar e ;
' Cha ruig thu leas bhi smaointeachadh
Gur duine faoin an Gàidhlig mi,
Mholainn agus dh' aoirinn thu
Cho maith ri aon 's a' Ghàidhealtachd.'

Labhair mi ri Mac Aonghais Ghlais
' An tig thu mach a màireach dhomh ? '
Thuirt e ' 'S ann is neònach leam
'S tu eòlach air an fhailingeadh ;
Nach fhaic thu féin bean òg agam
Nach leig 'g a deòin air fath-chul mi
'S ged dh' fhalbhainnse cha choisichinn
'S cha bhi mi nochd an Càirinıs.' "

' Dean Swift's description of satire as being a glass in
which the beholder saw every man's face but his own, does
not hold good of Mac Codrum's, which, like those of other
Highland bards, possess the genuine quicksilver of per-
sonality.   Two companion pieces of this description are
" A chòmhstri" and " Am Frisealach 's am Baideanach."
They were composed to two farmers in North Uist, who
were near neighbours, but lived on exceedingly bad terms.
One of them was called Donald Fraser, and the other was
known as *Am Baideanach*, from his being a native of that
district.   It appears from *Am Frisealach's am Baideanach*
that Donald Fraser was married to the widow of a son* of

---

* Probably *Raghall Mac Shir Seumas.*

Sir James MacDonald of Sleat, and that he succeeded to
the M'Queens, in Uist, in the possessson of lands which,
tradition says, they had a lease to last "Fhad 's a bhios
bainne aig boin duibh, no Cnogaire Mhic Cuinn 'na bhun."
Both were strangers in Uist, and as they were no great
favourites the satires were very popular. Their mutual
hostility was the scandal of the neighbourhood, and, in the
opinion of the bard, the realms of darkness took a deep
interest in the contentions of the impious pair :—

> " Bha Uidhist air a nàrachadh,
> Bha Iutharn air a fàsachadh,
> Le guidheachan na càraid ud ;
> Bha ioghnadh air an Abharsair ;
> Bu neònach leis nach d' thàinig iad."

Mac Codrum's satirical vein appears at its best and brightest
in "Di-moladh pìob Dhòmhuill bhàin," which is undoubtedly
the best thing of the kind in the language. "Aoir Uisdean
Phiobair," by Macintyre, although possessing a sledge-
hammer power of abuse, is coarse in conception, and only
contains one verse of genuine humour. It is totally lacking
in that lightness of touch, as well as polished wit, that
characterise the satire of the Uist bard. Mac Codrum was
provoked by an absurdly misdirected eulogy upon the min-
strelsy of *Dòmhull Bàn*, especially when there were illustri-
ous schools of pipers upon whom unstinted praise might be
lavished. He records in an imaginative way the history of
this discordant instrument. It was in the possession of
Tubal Cain, who played Gaelic tunes upon it ; it survived
the disasters of the deluge ; it was damaged by incompetent

musicians, until attempts to play it undermined the strength
of two noted Fingalian warriors, Diarmad and Gaul. He
winds up by an expression of pity for the man who plays it,
as you could winnow barley grain with all the wind it needs!

Oran a bhonn-a-sia also abounds in strokes of real and
sprightly humour. A Skye farmer, Roderick Macleod,
Borlain, a man of some consequence in his own island, had
occasion to ferry cattle from Loch Ephort, in North Uist,
across the minch to his own lands. Among others, John
Mac Codrum, who was vigorous in body as in mind, was
called upon to assist in shipping the live stock. After this
had been accomplished, and the sails of the smack hoisted
to catch the favouring breeze, Mac Codrum received as a
fee for his exertions what, in 'the uncertain light of eve, the
poet's exuberant fancy took to be a guinea. In the song he
describes the elaborate politeness with which he thanked
the generous donor, and how one of the company was
despatched to the neighbouring inn to get part of the hand-
some gift dissolved into mountain dew. When the sup-
posed guinea was presented in payment, the *tableau* may
be imagined. The opportunity afforded by Macleod's
apparent niggardliness was too good to be lost, and the
bard being carried away by the comic aspect of the incident,
Oran a bhonn-a-sia was the result. But John's intention
was not really malicious, and he seems to have regretted the
offence which the exercise of his wit caused to the hero of
the half-penny and his many friends. He was willing to
give his butt the benefit of the doubt. On singing the
verses afterwards in company, and hearing his audience

burst into loud laughter, he added the following supple-
mentary *impromptu* verse, in which the incident of the
famous evening receives two alternative explanations, either
of which the charity of his hearers may accept :—

> " Faire ! faire ! dhaoin' uaisle
> C' uim' nach gluaiseadh sibh stòlda ?
> 'S ann tha Ruairi 'na bhantraich
> Agus clann air tigh'nn òg air ;
> 'S gu 'm bi dubhar na h-oidhche
> Cur nam miltean gu dòrainn
> Cuir nan loingeas gu cladach
> Far nach faic iad an t-seolaid."

Oran dò'n Teasaich is not a satire, strictly speaking, but
it is really satirical in its method and style, and may be
appropriately referred to here. It is one of the most
finished, as well as happiest efforts of the bard—quaint in
conception, humorous in expression, faultless in diction,
and may fairly be classified with Burns's " Address to the
toothache." He describes his own wild and fitful fancies
while lying sick of a fever, and his forlorn condition during
the period of convalescence. The presiding genius of his
visions is an imaginary old woman, to whose baneful influ-
ence he attributes the disturbing fancies of the sick-bed.
She filled his head with mad notions ; he saw dead and
living men ; the appearance of great Hector of Troy, and
the heroes of ancient Rome—a gloomy, dusky, crooked
carlin, full of illusions and falsehoods. The weak and
decrepit state to which he was reduced is depicted in lines,
every one of which is brimful of humour.

It may not be inappropriate at this stage to refer to some of those sallies of wit and humour of which he was so dexterous a master. His thorough knowledge of his mother-tongue, combined with his quick perception of analogies in sound and sense, enabled him to play upon words in a manner which often produced amusing effects. The typical Highlander is not a punster, nor was punning a form of wit in which Celtic bards appear to have indulged. John Mac Codrum, however, was a punster, and some of his efforts in this, as a rule, somewhat attenuated form of wit, have survived. He was met one day by a man, of whom he asked the question, "Co ás a thàinig thu?" "Thàinig mi," answered the other, "ás an Uachdar.*" "Mata," says John, "'s ann mar sin is dòcha na coin 'ga d' imlich!" (Where did you come from? From Uachdar. Then the dogs will be more likely to lick you). His answer to James Macpherson, of Ossian celebrity, when he was collecting materials for his book, is well known, and, in view of the somewhat clumsy form of the question, rather a good hit. "A bheil dad agad air a Fhéinn?" "Cha 'n 'eil," says John, "'s ged a bhitheadh cha ruiginn a leas iarraidh a nis."

Landing once at Tobermory, along with a boat's crew, he subjected one of the natives to a regular battery of somewhat irritating replies. This party asked him, "Co ás thug sibh an t-iomradh?" "Thug ás na gàirdeanan," was the reply. "'N ann o thuath thàinig sibh?" "Pàirt o thuath 's pàirt o Thighearnan." "Co 's àirde tha 's a' bhàta?" "Tha 'n

---

*Uachdar, a township in the Island of Benbecula, also the Gaelic word for cream.

crann." " 'S e tha mi faighneachd co 's fear riaghlaidh ? "
" Tha 'n stiùir."

It is told of Mac Codrum that he once went on a visit to
Kingsburgh, in Skye, and not being known to the domestics,
and, not having introduced himself, he was allowed for
some time to sit unnoticed in the kitchen. John may have
been a little out of humour at the non-recognition ; at any-
rate, on one of the servants, knowing that he had come
from Uist, and it being reported that the Clanranald of the
day was dead, asking him, " Nach do chaochail Mac-'Ic-
Ailein ? " John replied, " Mar do chaochail rinn iad an eucoir,
thiodhlaic iad e."   After a while the same servant asked
him, " Ciod e cho fad 's a bha e os cionn talmhainn ? "
" Bha trì fhichead bliadhna 's a deich." The girl felt insulted
—and no wonder—at these answers, and reported to her
mistress that the most impertinent man she ever saw was in
the kitchen.   It was soon discovered that the stranger was
MacCodrum and the master and mistress, who were none
other than Captain Allan MacDonald and the illustrious Flora,
was at once hospitably entertained. John was once enjoying
a neighbour's hospitality in the form of the simple but
wholesome diet of bread and milk. It seems, however, that
the quantity was meagre, and on seeing a fly alight on the
milk and getting drowned, the bard, who could not resist a
joke even in these circumstances, addressed the ill-fated fly
thus :—" A chreutair leipidich a dhol 'ga 'd' bhàthadh fein
far a feudadh tu grunnachadh." "Give the man more milk,"
said his host, " Tha diol an arain a dh' annlan ann,"
answered John.

In MacCodrum's day sea-weed, in which the Hebridean coasts abound, was a most valuable commodity, and its manufacture into kelp a large source of revenue both to proprietor and tenant. The equinoctial south-west gales drive huge heaps of this once golden harvest upon the western shores ; but sometimes a tempest from an opposite quarter sweeps it away before it is secured. On such an occurence once taking place, John's wife who was probably the more worldy minded of the two, lamented bitterly and with some vociferation " Dh' fhalbh an fheamain dh' fhalbh an fheamain etc., etc." She went on till John's patience was exhausted and he, dryly, remarked in his own satirical fashion—" Ma dh' fhalbh a bhuidheag dh' fhuirich a ghleadhrach !" *

On another occasion he made a tour through South Uist and called upon the Priest of Stilligarry. John was ushered into his reverence's presence without any formal announcement and found him writing and at the same time enjoying the fragrant weed. On seeing this the bard at once remarked :—

" Dà rud nach faca mi riamh
'S tha mi liath an déis bhi òg
Sagart a' cluich air a' phiob
'S a' sgriobhadh le ite geòigh."

" Mar a meall mo bharail mi 's tu Iain Mac Fhearchair" the priest replied.

Another time he found himself dining in company with a shoemaker and a manufacturer of creels. Knives and forks

---

* These being the Uist names for two kinds of sea-weed.

were not in universal use or requisition in those days and
working people contented themselves with those forks which
nature provided *forc nan cuig mheur.* Mac Codrum, who of
course must put the situation at once into rhyme said :—

> " 'Sgian fhada gheur aig a' ghreusaiche,
> 'S corc aig fear dheanamh nan cliabh,
> 'S mise 'n so le m' dhà laimh loma
> 'S mi 'n comaidh riutha mu 'n bhiadh."

In MacCodrum's time there were two Catechists in North
Uist one John MacDonald who was blind and well-known
as the "Dall Mor" and another known we believe as "An
Ceistear Crotach" who was not only lame but otherwise
deformed. The "Dall Mor" was always led about by a
boy and as he was one day out on a catachetical tour the
North Uist bard was seen approaching. Whether it was a
case of mistaken indentity or a spirit of mischief that
possessed the youthful guide he told the "Dall Mor" who
was a great rhymster that the "Ceistear Crotach" was at
hand. There does not seem to have been much love lost
between the professional brethren for the "Dall Mor" thus
accosted the supposed Catechist :—

> " Fàillt ort féin a bhràthair ceistear
> Dheanadh an ceasnachadh mìn
> Cha tig an latha gheibh thu leannan
> Leis a' char a tha 'na' d' dhruim
> Mar mheallas am maide 'n cùbair
> 'N àm a' bhi lùbadh a chinn
> 'S ionnan sin 's mo bhràthair ceistear
> Toil gun fhreasdal aig a mhnaoi."

Whereupon greatly to the surprise of the author of these somewhat savage lines a voice—not that of the "Céistear Crotach"—was heard in reply :—

> " C' arson a dh' aoir thu 'n ceistear crotach
> Duine cho bochd 's tha 's tha 'san dùthaich,
> 'S ged bhiodh e falbh air a' bhàta
> B' fhearr e na claigionn gun sùilean
> Chunnaic mi t' athair air bàta
> Cha 'n fhaigheadh e gu h-àrd a stiùireadh
> Dh' itheadh e urrad ri dithis
> Mo Righ ! ged theirinn triùir ris.

MacCodrum's best impromptu and one of the happiest of its kind, shewing real genius and resource was composed on the occasion of draining Loch Asduinn in North Uist. This operation was carried on under the supervision of the factor and the whole country side turned out to take part in the work.   John with characteristic indolence did not appear upon the scene till the time for refreshments had arrived. The factor desirous of getting a rise out of him offered the bard a glass of whisky at the same time saying "'So Iain sin agad gloine de bhurn Loch-Asdainn." John took the glass and perceiving an aroma more potent than cold water at once replied :—

> " Gu 'm beannaicheadh Dia burn Loch-Asdainn
> Ge maith fhàileadh 's feàrr a bhlas,
> 'S ma tha e mar so gu léir
> 'S mòr am beud a leigeil ás."

I I.—PATRIOTIC SONGS.

We now pass on to a brief review of Mac Codrum's patriotic poems, nearly all of which are composed either to the Clan MacDonald in general, or some of its more noted scions. The bard exulted in the heroic history of his favourite clan, and the great men who gave it lustre, and he lavishes all the wealth of his copious vocabulary in singing their praises. For a man who could neither read nor write —such is the tradition, and most probably the truth—he showed a singular acquaintance—not only with MacDonald history, but that of other clans as well.

A notable poem to an individual MacDonald is that to Captain Allan MacDonald of Kingsburgh whom Dr. Johnson's biographer describes as "the figure of a gallant Highlander exhibiting the graceful mien and manly looks which our popular Scottish song has justly attributed to that character." Through the strange irony of fortune, it was his destiny to fight for the royal house on behalf of whose foe both his father and wife had risked life and fortune. Owing to the part which old Kingsburgh took in the troubles of '45 and the pecuniary losses he sustained in connection with the movement, Captain Allan and his brave wife and children were compelled to seek a home in the American continent in the month of August, 1774. On the outbreak of the War of Independence which took place shortly after his arrival in the new world, Kingsburgh joined the loyalist cause and received the post of Brigadier-General. On the defeat of the forces of the crown at Moore's Creek he was taken prisoner and for a considerable time was confined in Halifax jail. It is gratifying to think that on peace being concluded he was released from captivity, returned to Scotland, and closed his life where it began at Kingsburgh his ancestral home. It was to the hero of this somewhat eventful career that MacCodrum's poem was composed. It is a fine piece, full of dignity as well as vigour of style and couched in the choicest terms. The two concluding verses beginning "*Chuir Dia rogha céile ort,*" are in praise of Flora and very happily express her connection with those historic events which impart so romantic an interest to the middle of last century.

"*Tàladh Iain Mhùideartaich*" has been handed down by tradition, rightly or wrongly, as a specimen of the bard's power of *extempore* versification. It was composed to the son of Clanranald's heir, the grandfather of the present head of the House, Admiral Sir Reginald MacDonald, K.C.B., under circumstances which are still recounted in the traditions of MacCodrum's countrymen. MacCodrum, who seems to have possessed those roving propensities which characterized the bards and minstrels of ancient times, was one day seen approaching Nunton House in Benbecula—then a residence of the Clanranald. *Mac' Ic Ailein*, who happened to be walking about the premises, leading his heir, *Iain Mùideartach* by the hand, sent him to meet the bard. With the open-handed generosity which was always characteristic of the Clan Ranald chiefs, *Mac' Ic Ailein* gave the child a coin to give him. MacCodrum on receiving this substantial greeting asks if that was all the money he had, and on his replying that it was, the bard said, "Well, there is not another heir in the world that would give me all his possessions but yourself." On this he takes the child in his arms and walks to the house, but *Iain Mùideartach* would not be taken from him until he composed a song in his praise. MacCodrum asked to be allowed to walk once round the garden previous to his doing as requested, and the tradition says that on having done so the poem was ready and sung to *Iain Mùideartach*. Probably the poet took his own time to the perambulation as there was no limit as to time imposed on his walk round the large garden at Nunton. The "*Tàladh*" is a review of the heroic exploits of the boy's ancesters in many a hard fought field. He traces their prowess from the days of Harlaw when *Lachann MacMhuirich Albannach* stirred up the courage of the MacDonalds with his famous poem:—

"Chlanna Cuinn cuimhnichibh,
Cruas an àm na h-iorghuill;"

down through Kinloch Lochy—called *Blàr Léine* because the Highlanders fought in their shirts when Lord Lovat and the Master of Lovat were slain, and the Fraser Clan almost annihilated—Inverlochy, Killiecrankie, and Sheriffmuir—at all of which the Clan Ranald fought with the traditional heroism of their race. These proud memories were not unmingled with regrets. At the battle of Sheriffmuir the chief of the Clan Ranald met with a soldier's death "*Thuit Ailein le neart an teine.*" *Iain dubh Mac Iain 'Ic Ailein*, a

scion of the same House, laments this chieftain's loss in a
very fine elegy:—

> "A bhliadhna leuma d' ar milleadh
> An coig ceud 's a mll' eile,
> Chaill sinn ùr ròs na finne,
> 'S geur a leus air ar cinneadh ri 'm beò."

Oran do Mhac 'Ic Ailein, or as it is known in Uist *Cuid-
eachadh Iain Ghrùdair,* was composed to the father of *Iain
Mùideartach,* the hero of the foregoing *Tàladh* shortly after
his succeeding to his patrimony. The bard comes to the
assistance of a local rhymer who had indulged in some
miserable efforts at eulogizing Clan Ranald and composes
this fine poem which in purity of diction and sustained
rhythm is inferior to few he has composed.

The only other poem to an individual of the MacDonald
Clan is that to Sir James MacDonald of Sleat; but it will
more conveniently and quite as appropriately be noticed
when the elegies come under review.

Of the poems composed in honour of the Clan MacDon-
ald the best known is "*Smeòrach Chlann Dòmhnuill.*"
The mavis of the MacDonalds warbles his native woodnote
wild with great melody and power in praise of his native
country and his favourite clan. He devotes a number of
stanzas to his sea-girt Uist, with its flocks and herds—its
fruitful harvest, its flowery meadows, its well clad youths.
He could not indeed say of it as Alexander MacDonald did
of his own loved Mor-thir :—

> "A choill gu h-uile fo làn duillich
> 'S i 'na culaidh bainnse."

for Uist could not—at least in historic times—rejoice in
woodland scenery.   Indeed MacCodrum is said to have
plainly insinuated that the woods of Mor-thir were not of
such profuse luxuriance as to justify poetic enthusiasm, and
to have addressed the other bard :—

> C' arson a mhol thu 'Mhor-thir mhosach
> Airson stopan calltainn ?

The *natale solum* of the bard may seem bleak to others,
but to him it is always beautiful—and, to Mac Codrum,
Uist was fairer than any other land beneath the sun, "An
tìr a's bòidhche ta ri fhaicinn," because it was the country
of his heart, round which the tendrils of his inspired affec-
tions clung and wound themselves, and he regarded it with
that reverence and love which a true son cherishes for his
mother.   The "*Smeòrach*" also tells that he was born among
the MacDonalds, and this is the prelude to his launching
out into praise of their prowess and their virtues.   It has
been stated that the superabundance of epithets in which
his "*Smeòrach*" abounds is a literary vice.   But if this is
so our poet shares it with Alexander MacDonald and other
eminent votaries of the Celtic muse—in fact it seems to be
almost inseparable from, as it is certainly characteristic of,
much of our Gaelic poetry.   *Moladh Chloinn Dòmhnuill*
is known to Uist tradition as *Cuideachadh Dhòmhail 'Ic
Fhionnlaidh.*   The circumstances of its composition are
hinted at in the opening verse.   It appears that Mac Codrum
and a neighbouring poetaster of the name of *Dòmhnull Mac
Fhionnlaidh,* happened to meet once in the same house in
North Uist.   Donald repeated some incoherent rhymes that

he had perpetrated to some of the MacDonald gentry of the Island, while Mac Codrum lay on a bench half asleep. Wakened from his partial slumbers by the discordant and unpoetic rhapsodies of his companion, Mac Codrum roused himself and, it is said, began to recite or sing in his own masterly style, *Moladh Chlann Dòmhnuill*. Like the rest of his Clan poems it is full of enthusiasm for the ancient prowess, not only of the MacDonalds, who, of course, occupied the premier ·position in his affections and respect, but of all the other Highland Clans. It is instinct with the spirit of the fiery cross ; many a brave champion would come to the MacDonalds' banner in the hour of trial and the day of danger. Emigration had done much, even in Mac Codrum's time to depopulate the Highlands. After '45, when heritable jurisdictions were abolished, and the disarming and unclothing Acts were passed, the bonds between the chiefs and their people were sensibly loosened, and the Highlanders began to pour in an unremitting stream, partly to the large towns of the South, and partly to distant parts of our Colonial Empire. This emigration was in part voluntary, but in part involuntary. It would be outwith a literary estimate like this to discuss at length the question of Highland depopulation from a political point of view. But truth belongs to no side of politics, and it cannot be denied that many regrettable and unjustifiable incidents occurred in connection with these events. In one aspect, doubtless, these clearances seemed to have belonged to an inevitable tendency in human affairs. According to the old Celtic tenure the land belonged to he Clan or tribe as a whole, and not to the chief only. But when the system of feudal tenure, which had been imported from Norman England into Scotland, was also introduced into the Highlands, the decay of the patriarchal system was only a matter of time. Under the new *regime* the chief had the title and of course the ownership of land became a commercial business to be regarded from the point of view of profit and loss. Hence when sheep farming became more remunerative than small tenants, the latter are evicted, and when deer become more profitable than sheep—sheep are evicted. The question is, of course, surrounded by many difficulties. Yet, however much individual wealth may be increased by the system of unlimited ownership, the welfare of the whole community ought not to be sacrificed for the caprices of a few, and although our countrymen across the seas have done so much to build up our Colonial Empire, the primary means by which removals were accomplished were too often cruel and oppressive. It cannot, further, be regarded as righteous or expedient that lands capable of useful cultivation should be devoted to purposes of sport, and such undoubtedly is the case. On the other hand the problem of undoing the past— of re-peopling the waste places—will very probably remain a problem for many a year to come. It is one thing to condemn the actions of past generations—it is another thing to unsettle the social system which rendered these actions possible. The influence of public opinion in our day renders the repetition of such doings morally, if not legally, impossible on anything of a large scale.

In two of his poems John Mac Codrum deplores the

depopulation which, in his old age, he saw going on around him. One of these, "*Oran do mhuinntir a bha air am fògradh do dhùthaich cèin,*" laments with some bitterness the folly of the Highland chiefs in parting with their people, and the bard remarks that cheviot sheep would prove indifferent substitutes if an enemy had to be encountered. He contrasts the existing proprietors with those of former days who, in his opinion, would not part with an attached and devoted tenantry for the sake of increased rents, and he winds up by wishing the emigrants God-speed in the new land towards which their course was set.

The other emigration song—called "*Oran Fir Ghriminis*"—is expressed in language of great pathos and evinces much tenderness of feeling. The tradition is that a number of the tacksmen of North Uist concocted a scheme to get their sub-tenants to emigrate to America. The inducement was that they themselves were to accompany their poor dependants across the Atlantic and under pretence of doing so a large quantity of baggage—really only containing peats—was conveyed to the port of embarkation. Those who were not in the plot—and among them it is said Mr. MacDonald of Griminish, had made genuine preparations to depart, and carried out their intentions even after the conspiracy was discovered with feelings more to be imagined than described; while the rest satisfied probably with their unworthy *ruse* returned to their respective homes. This poem seems to have been composed before the discovery of the plot as it suggests nothing about the treachery enacted. In lines instinct with mournful recollection and regret does the bard descant upon the ruined abodes which were to take the place of a once prosperous and happy people.

The last of the patriotic poems refers to a subject on which MacCodrum, like all other Highlanders and Highland poets of his time, felt very keenly, namely, the Unclothing Act of 1747. The Government—legislating in a panic—could not possibly have devised a measure more calculated to insult an heroic people and intensify their disloyalty to the throne. The Disarming Act, first passed in 1718, and further confirmed in 1726—from which latter date it was only to remain in force for seven years, does not seem to have been so offensive to the *amour propre* of the Highlanders as that which deprived them of the national garb. It could be seen, of course, that the Disarming Act was a politic and necessary measure for ensuring the future tranquillity of the country. And, besides, events showed how easily it was evaded. The rusty, superannuated old weapons were given up—all the serviceable ones were secreted, and in 1745, when Charles' standard was unfurled at Glenfinnan, large numbers of well-armed Highlanders gathered around it. The Unclothing Act was different. It was a more direct and hostile stroke against the social system which for centuries prevailed in the Highlands. Every clansman wore his own distinctive tartan, which was the emblem of the solidarity of his race, and their common loyalty to the chief. When the tartan went along with the well loved weapons, and the heritable jurisdictions—which were abolished about the same time—the characteristic accessaries of the Clan system disappeared. The penalty for an infringement of this Act was serious. Six month's imprisonment without the option of a fine—and without admission to bail, and for a second conviction, transportation for seven years. There was also a terrible oath imposed in connection with the operation of these Acts. No wonder though Dr. Johnson—who doubtless relished the opportunity of having a dig at the Whigs—said that such an enactment was rather "an ignorant wantoness of power than the proceedings of a wise and beneficent legislature." The Gaelic bards of the day—speaking with greater freedom because their language was unknown beyond their own land—inveighed against this stupid exercise of power, although, by the way, Highland officers and soldiers under Government received special exemption. Alexander MacDonald in *He 'n clò dubh b' fheàrr am breacan ; Donnachadh Bàn* in *O tha briogais liathglas am bliadhna cur mulaid oirnn ; Rob Donn* in *Oran nan casagan dubha ;* all gave voice to the popular resentment. It seemed very hard that there were no exceptions in favour of those chiefs and clans, like the MacDonalds of Sleat and others, who remained loyal to the Government. Mac Codrum—different from his chiefs and patrons—was a staunch Jacobite all through, and probably never ceased to hope for the restoration of the old Stuart line and the expulsion of the Hanoverian dynasty. His devotion to that ill-fated House was intensified by the Acts which in this poem he so strongly condemns, and he winds up with a fervent expression of hope that the old order might again be established—a hope never to be fulfilled.

III.—ETHICAL SONGS.

We must now make a brief reference to those of Mac Codrum's poems which are directly ethical or didactic in their intention, and this class contains three of his ablest compositions — " *Caraid 'us nàmhaid an uisge-bheatha*," " *Oran na h-òige*," and " *Oran na h-aoise*."

" *Caraid 'us nàmhaid an uisge-bheatha* " is a long metrical dialogue in which the two sides of the question at issue are alternately discussed. From the conduct of the controversy it is evident that, so far as morality is concerned, the "enemy" of whisky is intended by the bard to get the better of the "friend." The enemy is thoroughly in earnest and gives no quarter to his antagonist. The " *Caraid*," on the other hand, scarcely making an effort to strengthen his position by the advocacy of moderation. Conviviality— excess—the power of John Barleycorn to "steep the senses in forgetfulness" are all depicted with zest and glee. The " *Nàmhaid*" takes the view of a stern, uncompromising ascetic who repudiates and abhors whisky as the accursed thing, while the " *Caraid*" takes up the *nunc est bibendum* point of view and seems to cherish the conviction that there is really no pleasure like getting drunk. Yet, although the bard's sympathies as a moralist are with the "enemy," he is not without a warm side to the "friend," and seems to enjoy his description of the power of the barley bree in dispelling cold and care—cowardice and sorrow—at least for a time. The author of the blessing on the waters of Asduinn doubtless enjoyed a dram, though he must have seen much of the evils of unrestrained festivity to cause him to take up the cudgels on behalf of temperance. We do not remember any of the older Gaelic bards who have done so with anything like his earnestness and address.

In "*Oran na h-òige*" human life from infancy to youth is compared to the progress of the Seasons. The characteristics of each of the months, from early Spring to Autumn—as well as their influence upon the different stages of life, are accurately described, till at last, when the poet comes to Summer, he turns to the young man rejoicing in the buoyancy of youth—the summer of life—and puts to him the question, how long does he expect life to last? Even youth when its sun shines fairest must not boast nor glory, for the last stern fact of human existence must some day, perhaps soon, be faced. And so when that dark secret has been disclosed, where is the tongue that uttered guile, and the heart that harboured hatred; where those eyes, the windows through which desire entered; the arm that performed deeds of strength; the body in which dwelt the haughty soul? All these questions Mac Codrum asks with the solemnity of one who has felt the deep mystery of life, and is profoundly conscious that death is the most certain of all facts. He knew and sang in strains of pathos that that shadow spreads its mantle on the brightest lives, and breaks the fairest companionships, and very much in the spirit of the Preacher of old he warns the young man who rejoices in his youth and in the light of his eyes, that for all these things God will bring him to judgment.

" *Oran na h-Aoise*" is probably, in matter as well as in form, the best of Mac Codrum's efforts—and one of the most original of Gaelic poems. No bard in any language has given a truer or more graphic picture of that age which slips into the "lean and slippered pantaloon." If fault can be found with the sentiment, it is that the shadows of the picture are too darkly painted, and that it is unrelieved by the touches of spiritual beauty that often illumine the furrowed cheek and crown the silver locks of age. There is no green old age in Mac Codrum's poems, but one of ideal decrepitude and feebleness, into which ills and sorrows, more numerous than Egypt's plagues, are crowded. It is more than likely that it was composed when the bard was tottering down the vale of years and the lengthening shadow had fallen on his path. It has throughout the ring of experience. Hardly any actual instance, of course, could embody the catalogue of ills which the bard enumerates in his vivid description—nor is it likely that the evening of his own life was the mournful, solitary thing he describes, yet some feeling deeper and more personal than mere observation would have suggested the sentiment of the lines :—

> Aois ghliogach gun chàil ;
> 'S tu 's miosa na 'm bàs ;
> 'S tu 's tric a rinn tràill
> Dhe 'n treun-fhear.

IV.—ELEGIES.

We now come to the Elegies of which there are three
in existence. One of these was composed to Sir James
MacDonald of Sleat, who died in Rome, and to whom
Mac Codrum composed an eulogy as well as an elegy. The
eulogy may perhaps be regarded like most compositions of
the kind as bordering on exaggeration, and yet, in view of
the hyperbolical nature of Gaelic poetry, as well as the
virtues, talents, and accomplishments of the gifted Sir James,
the poet can hardly be said to have gone beyond the truth.
The beautiful epitaph, in which his friend, Lord Lyttleton,
has enshrined his memory must be known to most readers,
and, justifies to the full the praises of his devoted
bard. Sir James, alas! was not spared to fulfil the great
hopes cherished of him, or to carry out his enlightened
schemes for ameliorating the condition of his people. The
gods loved him and he died young. In his elegy the bard
mourns his loss as the last of six chiefs of Sleat, who,
in his own time, died in the vigour of their manhood.
Sir James' death was, in the opinion of Mac Codrum,
the most deplorable of all, not because it was the last and
the wound was fresh, but because he was really the best
among the good, and though he had not lived long he had
lived well.

> Chaill sinn duilleach ar géige ;
> Gràine mullaich ar déise ;
> So an turus chuir éis air na h-àrmuinn.

A fine elegy was composed by Mac Codrum to Alexander MacDonald of Kirkibost and Balranald, better known in his day as *Alastair Mac Dhòmhnuill.* He was the seventh in succession of the MacDonalds of Balranald, of whom Mr. MacDonald of Edenwood is the eleventh and present representative. *Alastair Mac Dhòmhnuill* was married twice, with issue, and the MacDonalds of Penenuirean are the representatives of the younger family. They are all descended from Donald Herrach MacDonald who was a son of Hugh, first of Sleat, brother of John, last Lord of the Isles. *Alastair Mac Dhòmhnuill* was factor for the Chief of Sleat over his Long Island property, and seems to have been greatly loved in his native land. He was also renowned for his great stature and physical strength. His tragic end is celebrated in the "*Marbhrann.*" The channel which separates the island of Kirkibost, where he lived, from the main island is fordable at low water, and it is supposed that Mr. MacDonald, while crossing the sands, fell from horseback in a fit, and before regaining consciousness was drowned by the advancing tide.

A shorter elegy but not less finely conceived and hardly inferior in expression was composed to Hugh MacDonald of Baleshear in North Uist who died in 1760. The hero of this poem was a son of *Raonall Mac Shir Sheumas,* in other words a grandson of Sir James MacDonald of Oronsay. Sir James succeeded his nephew, Sir Donald, who died unmarried. He lived a good deal in Oronsay an island or rather a peninsula in the Sand district of North Uist and his son Ranald was the progenitor of the Baleshear family.

The family possessed the penny lands of Baleshear and the son of the hero of this elegy was called " *Tighearn nam peighinnean.*" Hugh, of Baleshear, and Captain Donald Roy, his brother, were largely instrumental in assisting the escape of Prince Charles from the Long Island after the disastrous battle of Culloden. A grandson of Hugh Mac-Donald was Professor of Natural History in St. Andrews and representatives of the family still survive.

We have concluded our review of the poems of John MacCodrum and think we are justified in placing a high estimate on his genius. Critics have with good reason considered that the absence of the tender passion—that warmth of sentiment which glows in the pages of Mac Donald, Macintyre and Ross detracts from the fulness of his poetic gifts. In all other respects he stands high in the front rank of the poets of the last two centuries. If he must needs come after the three just mentioned he does so certainly not *longo intervallo.* If his flight be not as sustained as MacDonald's or Macintyre's and if he be inferior in emotional power to William Ross he is superior to the first in sincerity, to the second in patriotic fervour, to the third in ethical soundness, and to all in humour. If MacDonald's is the more powerful imagination, if Macintyre's is a richer descriptive art, and if Ross's is a wider and more cultured sympathy with nature, MacCodrum has a keener eye for the realities of life and he is more imbued than any of them with that mental shrewdness which inspires the poetry of common sense. Several of his poems entitle him to an undoubted place among the greatest masters of Gaelic verse.

His dust reposes in the churchyard of Kilmuir marked
by an amorphous block of gneiss, said to have been
selected by himself to be his *cara cuimhne*.   It is gratifying
to think that his countrymen in the busy south are contem-
plating the erection of a fitting memorial of their greatest
bard, and that contemporaneously with that movement the
writer of these pages is able to give to the world for the first
time in a form of more or less completeness that "monu-
ment more lasting than brass and more sublime than the
regal elevation of Pyramids" which the peasant bard of
North Uist—with no culture save that which nature bestowed
—has bequeathed as a precious legacy to his compatriots.

IAIN MAC CODRUM.

DI-MOLADH PIOB DHOMHNUILL BHAIN.

A' CHAINNT a thuirt Iain
Gu 'n d' labhair e ceàrr i,
'S feudar dhuinn àicheadh
'S a phàigheadh d' a chinn
Dh' fhàg e Mac Cruimein,
Clann Duilidh* a's Teàrlach† ;
'Us Dòmhnullan Bàn
A tharruing gu prìs.
   Orm is beag mòran sgeig,
   Agus bleid còmhraidh,
   Thu labhairt na h-urrad
   'S nach b' urrainn thu chòmhdach,
   Ach pilleadh gu stòlda
   Far 'n do thòisich thu dian.

An cual' thu cia 'n t-urram
An taobh-sa de Lunnain ?
Air na pìobairean uile
B' e Mac-Cruimein an rìgh ;

---

* Clann Duilidh were pipers to the Macleans of Mull.
† Tearlach—Charles MacArthur, one of the hereditary pipers to
the family of Sleat.

A

Le pongannan àluinn
A b' fhonnmhoire fàilte,
Thàrr'neadh 'an càileachd
Gu slàinte fear tinn.
  Caismeachd bhinn 's i bras dian,
  Ni tais' 'us fiamh fhògradh
  Gaisg' agus cruadal,
  Tha buaidh air an òinsich
  Muim' uasal nan Leòdach,
  'Ga spreodadh le spìd.

A bhàirisgeach spòrsail
Bh' aig Tearlach 'ga pògadh
An t-àilleagan ceòlmhor,
Is bòidhche guth cinn.
Tha na Gàidheil cho déigheil
Air a mhànran aic' éisdeachd,
'S na th'ann an Dùn-Eideann
De luchd Beurl' air an *ti*
  Breac nan dual 's neartmhor fuaim,
  Bras an ruaig nàmhaid,
  Leis 'm bu cheòl leadurra,
  Feadannan Spàineach,
  Luchd dheiseachan màdair,
  Bhi cràidht' air dhroch dhiol.

'Nan cluinnt' ann am Muile
Mar dh' fhàg thu Clann Duilidh,
Cha b' fhuilear leo d' fhuil
Bhi air mullach do chinn.

'S i bu ghreadanta dealachainn
Air deas-làimh na h-armachd;
A' breabadh nan garbh-phort,
Bu shearbh a' dol sios.
    Creach nach gann, sibh gun cheann,
    Fo bhruid theann Sheòrais,
    Luchd nam beul fiara,
    Gu 'r pianadh 's 'g 'ur fògradh;
    Rinn iad le fògradh
    Bhur còir a bhuin dìbh.

Gha tug thu taing idir
Do bhriogardaich Thearlaich,
Mach o fhear Bhàllaidh, *
Bhi ghnàth air a thì,
Mhol thu chòrr ghliogach
Nach dligheach de bhàidse,
Ach deannan beag gràin,
No màm de dhroch shiol.
    Shaol thu suas maoin gun ghruaim,
    Craobh nam buadh ceòlmhor,
    Chuireadh fonn fo na creagan
    Le breabadaich mheòirean;
    'S nach fuilingeadh odròchain
    A thogail a cinn!

---

* This *Fear Bhàllaidh* was *Uilleam Mac Eòghainn 'Ic an Toiteir*
who was a piper. He was III. of Vallay.

Cha 'n fhaigh a' chuis-bhùirt ud
Talla 'm bi mùirn,
Ach àth air a mhùchadh
Le dùdan 's le sùith.
Cha bhi cathair aig Dòmhnull
'S cha 'n éirich e còmhnard,
Ach suidh' air an t-sòrn
Agus sòpag ri 'dhruim.
    Plàigh bhloigh phort, gàir dhroch dhos,
    Fàileadh cuirp bhreòite,
    Ceòl tha cho sgreataidh
    Ri sgreadail nan ròcais,
    No iseanan òga
    Bhiodh leòinte chion bìdh.

Nach gasda chuis-bhùirt
A' bhi cneatraich air ùrlar,
Gun phronnadh air lùtha
Gun siùbhlaichean grinn,
A' sparradh od-ròch-ain,
An earball od-ròch-ain,
A' sparradh od-ròch-ain,
An t—n od-ro-bhì.
    Mal caol cam,
    Le thaosg rann,
    Gaoth mar ghreann reòta,
    Troimh na tuill fhiara
    Nach dìonaich na meòirean
    Nach tuigear air dòigh
    Ach oth-heoin 's oth-hì!

Diùdhaidh nam fiùdhaidh
Bha aig Tubal Càin,
'N uair a sheinn e puirt Ghàidhlig
'S a dh' àlaich e phìob.
Bha i tamull fo 'n uisge
'N uair dhruideadh an àirce,
Thachair dhi cnàmhadh
Fo uisge 's fo ghaoith.
Thàinig smug agus dus
Anns na duis bhreòtach,
Iomadach drochaid
'Ga stopadh 'na sgòrnan,
Dh' fhàg i le crònan
Od-ròch-ain gun bhrìgh.

Bha i seal uair
Aig Maol Ruainidh O' Dòrnan, *
Chuireadh mi-dhòigheil
Thar òrdugh na fuinn,
Bha i treis aig Mac-Bheatrais †
A sheinneadh na dàin;
'N uair theirig a' chlàrsach
'S a dh' fhàiling a prìs.

---

* A wandering Irish harper whose piping was unacceptable to the Highlanders.

† Mac Bheatrais *alias* Mac Beathaig, one of the Mac Arthurs who were pipers to the Sleat MacDonalds. Mac Bheatrain was piper to *Domhnull Gorm Sléibhteach*.

54

Shéid Balàam na màla
Osna chnàmh chrònaidh,
Shearg i le tabhann
Seachd cathan nam fiantan,
'S i lagaich a chiad uair
Neart Dhiarmaid 'us Ghoill.

Turruraich an dòlais,
Bha greis aig Iain òg dhi;
Chosg i ribheidean cònlaich
'Na chòmhnadh le nì.
Bha i còrr is seachd bliadhna
'N a h-atharais bhialain,
Aig Mac Eachainn 'g a riasladh,
Air sliabh Chnoc-an-lìn. *
    An fhiudhaidh shean
    Nach dùisg gean,
    Gnùis nach glan còmhdach:
    'S mairg dha 'm bu leannan
    A chrannalach dheònaidh,
    Chàite gràn eòrna
    Leis na dh' fhòghnadh dh'i ghaoith.

Mu 'n cuirear fo h-inneal
Corra bhinneach na glaodhaich,
'S inneadh air aodach
Na dh' fheumas i 'shnàth.

---

* Cnoc-a-linn: a township in the Paible district of North Uist.
The name is a memorial of the days when flax was grown in the
Highlands.

Cha bheag a' chùis déistinn
Bhi 'g éisdeachd a gaoirich;
Dheanadh i aognaidh
An taobh a bhiodh blàth.
  Riasladh phort, sgriachail dhos,
  Fir ri droch shaothair,
  Bheir i chiad eubha
  'N àm séideadh a gaoithe
  Mar ronnean ba caoile
  'S i faotainn a' bhàis.

Tha 'n ionnsramaid ghlagach
Air a lobhadh 'n a craicionn;
Cha 'n fhuirich i 'n altan
Gun chearcall 'g a tàth;
'S seirbh i na'n gabhann
Ri tabhann a chrùnluath,
Trompaid a dhùisgeadh
Gach Iùdas fhuair bàs.
  Mar chom geur'ich 'g a chreuchdadh
  Shéideadh làn gaoithe,
  Turruraich nach urrainn mi
  Samhuilt da innseadh,
  Ach rodain ri sianail
  No sgiamhail laogh òg.

Com caithte na curra
'Us tachdadh 'na muineal,
Meur traiste gun fhuras
'Cur triullain nan dàn,

Sheinneadh a bròlaich
Ri sòlus an eòlain
Ruidhle gun òrdugh
An còmhnuidh air làr.
    An aognaidh lom, gaoth troimh tholl,
    Gaoir gun fhonn còmhraig,
    A thaisicheadh cruadal,
    'S a luathaicheadh teòltachd,
    Gu beachdail don-dòchais
    Mu 'n t-sòrn àm bi ghràisg.

Bi'dh gaoth a' mhàil ghrodaidh
Cur gaoir anns na dosaibh,
I daonnan 'na trotan
Ri propadh "od-rà."
Bi'dh seannsair caol crotach
Fo chaonnaig aig ochdnar *
Sruth staonaig 'g a stopadh,
Cur droch ceòl na thàmh.
    Fuaim mar chlag fhuadach each,
    Duan chur as frithe
    Cha 'n abair mi tuilleadh
    Gu di-moladh phìoban
    Ach leigidh mi 'chluinntinn
    Gu 'n d' phill mi MacPhàil.

---

* Ochdnar : The eight fingers used in playing the Bagpipes.

A CHOMHSTRI

EADAR

DOMHNULL FRISEAL AGUS DOMHNULL BAIDEANACH.

GUR e dhùisg mo sheanchas domh
Cùis mu 'm bheil mi dearmalach,
Gach Turcach 'us gach Gearmailteach,
Gach Frangach an rùn marbhaidh dhuinn ;
Muir no tìr cha tearmunn duinn.

Tha mo dhuil 's gur fìrinneach,
Gach mùiseag tha mi cluinntinn deth.
Nach dean iad unnsa dhìreadh oirnn,
'S nach buinig iad na h-Innsean oirnn
Gu 'n sguir iad far 'n do dh' inntrig iad.

O 'n chaidh na h-airm an tasgaidh oirnn*
Ge tric a ghairm gu faigh sinn iad,
Nach foghnadh claidhmhnean maide dhuinn
Gu seasamh a chrùin Shasunnaich,
Mar thug an diùc a dh' fhasan duinn ?

Ge moralach righ Phruisia
'S na righrean mor tha 'n trioblaid ris,
'S co neònach leams' am Frisealach,
'S am Bàideanach le m' fhiosrachadh,
Bhi deanamh réit 's nach bris iad i.

---

* This allusion is to the Disarming Acts.

Bha mise uair 's gu 'm faca mi
Nach creidinn uaithe facal deth,
Nach bithinn suas 'n uair thachradh e,
A liuthad gruag 'us bagaisde,
Bha fuasgladh anns an t-sabaid ud.

Nuair dh' inntrigeadh an ascaoineis
Is àrd a chluinnte 'm Pabaidh iad ;
Fhreagair coill 'us clachan doibh ;
Cha bhiodh bean 'an àite faicinn doibh,
Iad féin 's mac-talla bas-bhualadh.

'Nuair bhiodh iad sgìth 's na tagraidhean,
'S e crìochnachadh bhiodh aca-san,
Ag iarraidh iasad bhatachan,
Gach tuairsigeul ri chlaistinn ann,
Nach cualas riamh o 'n bhaisteadh sinn.

Gur mairg a bhiodh 'san ùprait
'N uair a ghabhadh iad gu tùrneileis.
Bhiodh fàsgadh air na sùilean ann ;
Bu lionmhor dùirn 'us glùinean ann ;
'S breaban cha bhiodh cumhn' orra.

Bhiodh rocladh air na claigeannan ;
Bhiodh sgornanan 'g an tachadh ann ;
Bhiodh meòirean air an cagnadh ann ;
Bhiodh cluasan air an sracadh ann ;
Bhiodh spuaicean air an cnapadh ann.

'N uair thuiteadh iad gu mì-cheutaibh
Bhiodh rùsgadh leis na h-ìnean ann ;
Bhiodh piocadh leis na bìdeagan
Bhiodh riabadh air na cìreanan
Bhiodh cus de 'n uile mhi-loinn ann.

Mu 'm biodh a chomhstri dealaichte,
Bhiodh dòrnagan 'gan sadadh ann ;
Bhiodh sgròbadh air na malaidh' ann ;
Bhiodh beòil 'us sileadh fal' asd',
'S ni 's leòr aig fear dha aithris ann.

'N uair theirgeadh giubhas Lochlainneach,
'S a' choill' an deis a stopadh oirnn,
Bu mhaith na h-airm na botrachain ;
Bu sgiobalt iad 'n àm bogsaigidh ;
Cha bhriseadh iad na cogaisean.

'S ann do 'n tir bu shàmhach so * ;
Bu sholus inntinn bàillidh e ;
Bu lionmhor fear gun àiteach' ann,
Dol gu fianuis 's fiamh a bhàthaidh air,
Caoidh mu mhnaoi 's mu phàisdean ann.

---

* The peace between the two worthies was a general relief; to
the factor who was weary of judging between them, and to the
thriftless, rentless tenant who was frightened to be a witness in
the august presence.

Bha Uidhist air a nàrachadh,
Bha Iutharn air a fàsachadh,
Le guidheachan na càraid ud :
Bha sòlas air an Abharsair †;
Bu neònach leis nach d' thàinig iad.

Cluinnidh Mac Cuinn ‡ an toiseach e
Cluinnidh a rìs an Dotair e,
Mar chriochnaichear na portaibh ud
Cha tairg e làn a' chopain domh
Gu 'm baraig e da bhotul rium.

Innsidh mi do dh' Uìsdean § e
Dh' fhear Bhàllaidh pairt de 'n t-sùgradh ud,
Do 'n bhàillidh th' air an dùthaich e ;
Air chàch cha dean mi cùmhnadh air,
Bheir iad bàids' 'us dùrachd dhomh.

---

† Abharsair : a form of the English word adversary. The Arch
Enemy.

‡ Mac Cuinn : Rev. Allan MacQueen, Minister of North Uist
in Mac Codrum's time.

§ Hugh of Baleshare, to whom the bard composed an elegy.

ORAN DO 'N DITHIS CHEUDNA.

SAORAIDH slàn do 'n Fhrisealach
Nach d' fhàs a mhisneachd crìon,
'S iomadh fear da urrad riut
Nach b' urrainn 'na' do ghnìomh ;
Fhuair thu dà cheum onorach,
Nach buineadh riut a dhiol
Céille mhic Shir Seumas
Agus oighreachd Chloinn 'Ic Cuinn.

'S mise th'air mo chlisgeadh
'S mi air chipein anns a' bheinn
Mar a marbh mi Dòmhnull Friseal
Marbhaidh Dòmhnull Friseal mi
'S ma thig anns na cleipeisdean
Gur h-esan théid a dhìth
'S iomadh aon le 'm beag e
Theid 'g a ghreasad do 'n a' chill.

Chuirinn féin sac ùrach air,
Nach giùlaineadh a dhruim ;
'S chuirinn clach a bharrachd air
A dh' earalas nan clìc,
Nach cuireadh seisreach ghearran
Aon char dh'i aig a meud,
Bu mhaith an carnan molachd i,
'Nam biodh a chron orr' sgrìobht'.

'Nam bithinn féin air t' fhalairidh
Cha ghearaininn cion bìdh ;
B' fheàrr leam am bùrn salach ann
Na gloineachan de 'n fhion ;
B' fheàrr leam luireach caillich ann
Na léine ghlan de 'n lion ;
'S bu bhinne leam am bas bhualadh
Na caismeachd air a' phiob.

'S beag ioghnadh leam do chéile
'Bhi gu h-éisleineach bochd tinn,
As déigh Mhic Shir Seumais *
An robh maise 's féile 's gnìomh :
Fhuair i 'n a'd' bhall teaghlaich thu
Cho léirsinneach air brìb
Bhiodh diomba sluaigh na gréine ort
'S cha bhiodh tu réidh ri d' mhnaoi.

'Nam faiceadh tu na conspuinn ud
'S 'nam biodh tu beò ri 'n linn
Bu mhòralach a shuidheadh iad
Bu tighearnail an gnìomh
Ge b' e ghabhadh ròidean
Gus an còir thoirt far an cinn
Bu cheart cho dearbh an donus doibh
'S tha marbh a dol do 'n chill.

---

* The Frisealach was married to the widow of a son of Sir
James MacDonald of Oronsay, probably of Raonall Mac Shir
Seumas.

Sin 'nuair thuirt am Bàideanach
Gu h-àrd air mullach Lì,
'S e 'g éigheach "m' olc air m' fhàgail
'N uair bhios do ghabh'l ri tuinn :
Bu tric aig aghaidh Bàilidh sinn ;
'S ma bha cha b' ann le sìth,
'S bu ghoirt a bha mo chàraid
An là dh' fhàisg thu air na trì."

Thug mi coig puinnd Albannach,
'S deich marg dhuit os a chinn,
Airson siochair aighe,
Bha an atharrais ba-laoigh :
Bha mi 'n dùil gu 'm b' ionnan t' uaisle
'Sa fear ruadh a bha 's a chrìch,
B' e sud dhomh féin bhi coltachadh
Dubh bhrochan ris an fhìon.

ORAN 'A BHONN-A-SIA.

Soraidh slan do 'n duin' uasal,
Thug dhomh an duais nach robh mìothar,
'N deigh do 'n ghrein dol 'na luidhe,
'S greis air tighinn de 'n oidhche ;
Gus 'n do rainig mi 'n teine,
Mo chridhe mire ri m' inntinn,

Ann an duil gur e *guinea*,
A rinn an duine dhomh shìneadh.

Haoi o haoiri horo thall,
&c., &c.,
Cha cheil mi air cach,
Nach 'eil am bàidse leam gann.

Rinn mi fichead troidh *square*,
Agus barrachd a sgrìobadh,
Urrad eile 's ni 's modha,
De mhodhanna siobhalt':
A' faighneachd le onoir,
Ciod am moladh a b' fhiach e.
'N uair a chunncas am baidse,
'S ann bu nàr e rì' a innse.

B' ann 's an tigh air a' laimhrig,
Fhuair sinn tearmad na h-oidhche,
Dh' fhaighneachd Aonghas Mac Aulaidh,
"Ciod a th' ann a cheart rìribh?"
Thuirt mi fhìn gu 'n robh *guinea*,
Gun aon sgillin a dhìth air.
Labhair esan gu socair,
"'S còir dhuit botal thoirt dhuinn deth."

Thuirt mi fhìn le guth fosgarr',
'Uam am botul beag splocach,
C' uim' a bhith'mid ri bhochdainn,
C' uim' nach cosgamaid pìnnt dheth?

Falbh thusa, bi tapaidh,
Thoir an clachan ud shios ort,
Gabh rathad na Leacaich,*
Fàg do chaisbheairt, cuir dhiot e."

'N uair a ràinig e Teàrlach
An àraidh nach dolach,
A bha 'shliochd nan daoin' uaisle,
Do 'm bu dualach an onair;
'N déigh na botail a lìonadh,
'S ann bhi trilleadh an donais,
'N uair a dh' fheuchadh am bàidse,
Bha dà fhàirdein 's a' sporan!

'N sin leag Teàrlach a mhala,
'S thug e criothnachadh mòr dh'i,
"Cha robh mise 'm bhall bùirte,
Bho 'n là ghiùlain mi còta,
Bonn-a-sia air son *guinea*
Cha ghabh duine tha beò e,
Fhaic thu cùineadh na Ban-righ,
'S dealbh na clàrsaich fo th—n air."

Labhair Aonghas an tràthsa,
"'S ann tha nàire sin dòmhsa,
Na bi rithist 'ga thumadh,
'Sinn 'n ar urrachan còire;

---

* "Leacaich"—So called from the rocky nature of the land.

B

Far a faighte' duin' uasal,
Cha b' e Ruairi an dròbhair,
'S mar a deachaidh mi mearachd
Gur a balach gu bhròig e.

"'N uair chluinneas Tormod a Uinis,
Agus Uilleam a Os e,
Tormod eile 's a' Siorram,
Far an cruinnich iad còmhlath;
Their iad féin nach duin' uasal,
A thug uaith as a dhòrn e,
Ach fior sheamanach balaich, *
Fear gun aithne gun eòlas.

Their Fear-fearann an Léigh,
"Tha mi 'g éisdeachd ni 's leòr dheth,
Thig an gnothach gu solus,
Le onoir 's le còmhdach;
'S maith a dh' aithneadh e 'n copar,
Air a shocair fo mheòirean,
Ach chuir an donas glas-làmh air,
Mar tha meirleach fo chordail.

"'S tim dhuinn nis bhi dol dachaidh
Gus ar cairtealan còire,

---

* "Fior sheamanach balaich"—The dictionaries render the word *seamanach* as meaning "stout, jolly, cheerful." But the bard makes use of it as signifying a sturdy indifference to the rights or feelings of others. "Seamanach balaich" is a rough, churlish, bullying character.

Sinn gun *dram* gun *tombaca*,
Gun dad againn a dh' òlas;
Bonn-a-sia eadar ochdnar,
Cha bu choltach an lòn e,
Dh' ith e féin a' mhin choirce,
'S cha d' thug moisean dad dhòmhsa!"

DUAN NA BAINNSE.

CHAIDH mi sios do Pheabuill
Ann a' maduinn 's i ro fhuar,
Chòmhalaich mo ghoistidh mi,
E féin 'us Lachlann ruadh
Ghabh sinn chum na tulaich
Far 'n robh cruinneachadh maith sluaigh;
Ma rinn iad dearmad buideil oirnn,
So m' uirsgeul dhuibh 'ga luaidh.

Shuidh sinn aig an teine
'S bha na gillean cuide ruinn;
Chaidh a' Muillear spreilleasach
Le gheilleart do 'n taigh shios,
Ag aibseachadh 'na chunnaic e
'S nach b' urrainn e 'gan diol;
" Gu 'm bheil an sud triùir bhaodhaisteach
Cho leathunn 's tha 's an tir."

Thuirt *Dòmhull Mac 'Ille-Mhàirtin
"Ciod e 'n taobh a thàinig sìbh?
'Na 'm b' e so a' bhanais
'S ann a b' airidh sibh air brìll ;
Ged a chuimte falamh sibh
'Na gearainibh a chaoidh,
'Na iomarai'bh air droch fhialachd
Bho nach daoine dh' iarradh sìbh.

Tha rud uam 's cha mhaith leam e
Na banachaigean 'ga'm' dhìth,
Bu mhaith an am an earraich iad
'N uair bu ghainne 'n tìr ;
Gu liteach, bonnachadh, brochanach,
Le cosamhlas de dh' ìm :
Bhiodh sògh aig daoine slàn an sud,
'Us àrach dhaoine tinn.

'Se cuis mu 'm bheil mi dearmalach
Na banachaigean 'g a' m' dhìth ;
Gheibhinn air an àiridh iad,
Ri àrach a chrodh-laoigh ;
Gu h-imeach, gruthach, càiseach,
Omh'nach dràbhagach lan méig,
Gu meadrach, poiteach, blàthanach,
Le plàsdaichean dhe 'n im.

---

* The Bridegroom.

A nis o'n thug mi cùl ruibh
Tha mo dhùrachd aig a' chloinn,
Gheibhinn air a bhuailidh iad,
Ri uallach a chrodh-laoigh :
Bu chuid dhe ur dibhearsoin
A bhi mar rium anns an oidhch'
Mi greis a' luidhe cuide ruibh,
'S 'n uair dh' fhalbhainn glug 'na'm' bhroinn !"

(An sin thuirt am bàrd).

" 'S tim dhuinn bhi dol dachaigh
'S gun ar cairtealan 'n ar còir,
Bho nach d' fhuair sinn fiadhachadh
Gu biadhtachd no gu ceòl
Ma 's e so a' chuideachd
A rinn dearmad buideil oirnn
Fàgaibh far an d' fhuair sibh e
Fear ruadh a' c——a mhòir.†

---

† A nickname of the bridegroom.

ORAN DO 'N TEASAICH.

Air fonn—"Daibhidh gròsgach, crom, ciar."

'S mise chaill air geall na carachd
Bha eadar mi féin 's a' chailleach,
Gu 'n d' thug i dhiom brìgh mo bharra
Cùl mo chinn a chur ri talamh;
   M' fhuil 'us m' fheòil thug i dhiom
   Chùir i crònan 'n 'am' chliabh,
   B' e 'n droch còdhail dhomh bhiast,
   Gu 'n robh tòireachd 'g a diol.

Chuir i boil 'n a' m' cheann 's bu mhòr i,
Faicinn dhaoine marbha 's bheòdha,
Coltas Hector mòr na Tròidhe,
'S nan gaisgeach a bha 'm feachd na Ròimhe,
   Cailleach dhuathsach chrom chiar,
   Bha làn tuaileis 'us bhreug,
   Chuir mi 'm bruaillean 's gach iall,
   'S chuir i 'm fuadach mo chiall.

'S bochd a fhuair mi uait am foghar,
'S mi gun luaidh air buain no ceangal;
Mo cheann iosal 'us mi m' luidhe,
Brùite tinn 'us sgios a' m' cnamhan.
   Bha mo chamhan cho sgìth,
   'S ged a sgathadh iad dhiom,
   Gu 'n robh 'm pathadh 'g a' m' chlaoidh,
   'S gu 'n tràghainn amhainn le mheud.

'S bochd an t-àite leat an fhiabhruis
Dh' fhàgas duine fada riabhach,
Glagach lag le fad na h-iargainn,
Gann de dh' fhalt 'us pailt de dh' fheusaig ;
　　Pailt de dh' fheusaig gun tlachd
　　Chuir am biadh air dhroch dhreach,
　　Deoch no biadh théid a steach,
　　Tha da thrian innte stad.

Do chòta fàs 'us e gun lionadh
T' osan ròcach air dhroch fhiaradh ;
Caol do choise nochdach pliathach ;
Iongnan cho fad' ri cat fiadhaich :
　　Casan pliathach gun sùgh,
　　Fo 'n dà shliasaid gun lùth ;
　　Gur pailt liagh dhoibh na lùnn ;
　　Cha bhean feur dhoibh nach lùb.

Bi do mhuinneal fada féitheach
'S t' asnaichean mar chabar cléibhe ;
Iosgaidean glagach gun spéirid ;
Glùinean ri tachas a chéile,
　　Glùinean geura gun neart ;
　　'S iad cho ciar ris a' chairt :
　　Thu cho creubhaidh ri cat,
　　B' fheàrr an t-eug 'g a' d' sgath as.

A bhonaid dà uiread 's a b' àbhaist
Air uachdar currachd nach àluinn :

Cluasan gun uireasbhuidh fàsa :
Ceann cho lom ri crìdh' na deàrna :
    Cha bi 'n companach caomh,
    Dh' fhàg cho lom mi 's cho maol,
    Rinn mo chom mar phreas caoil,
    Mar mhac samhuilt do 'n aog.

Bi thu coltach ri fear misge
Gun dad òl gun aon mhìr ithe :
Chionn nach 'eil luths a' d' dha iosgaid
Bi thu null 's a nall mar chlisnich :
    Bi thu d' shiochaire lag ;
    'S ceann do shìthe gun neart,
    Ann a' d' ghnìomh cha bhi tlachd ;
    'N a' d' chùis mhì-loinn air fad.

ORAN DO CHAIPTEAN AILEAN DOMHNULLACH,

FEAR CHINNSEBURGH.

Nis o 'n tha mi m' ònaran
'S mi m' chomhnuidh anns a' Bhàgh,
'G obair air na h-òrain
'S e 's còire na bhi m' thàmh ;
Tighinn air beus an Dòmhnullaich
Tha fearail treubhach mòralach,
Gur iomadh ceud chuir eolas ort,
'S bu deònach leo thu slàn.

'S e mo run an t-Ailean
A dh' fhàs gu foinnidh fearail àrd,
Aon Mhac Dhé 'g a' d' anacladh
Bho an-shocair 's bho chràdh ;
Sar chuirtear mùirneach, macnusach,
A ghiùlain mhuinte mhacanta,
Tha cruaidh gu chùl ach casadh air
'N uair dhùisgear ascaoin d'a.

Fear eòlach seòlta siobhalta
Gun tòir air strith gu bràth ;
'M bheil mais 'us tlachd 'us aoidhealachd
Cho maith 's a dh' innseadh bàrd :
Mòralach mor-inntinneach,
Gun toireachd air a bhribealachd,
Gun sgòd de Chlann 'Ic Cuibean air
Gu h-iosal no gu h-àrd.

Fear foinnidh fearail socrach thu,
'S neo-throicheil am measg chaich ;
B' acfhuinn fear do choltais
A chuir mais air cnoc no dhà ;
Leoghan fearrdha tosgarra ;
Mor churaidh calma 'n toirtealachd ;
'S mairg luchd an-mein chasadh ort
Gun fhosadh air do laimh.

'S mairg luchd an-mein chasadh air,
Gun fhosadh air a laimh,

No thigeadh gearr no toisgeal air
Gus brosnachadh thoirt dha ;
Lann sgaiteach de smior cruadhach air,
'S an truaill bu dreachmhor dualanan ;
Cha stad e 'm fheoil am buailear e,
Gu ruig e smuais nan cnàmh.

Cha bhrìdeach air an fhaiche e,
Ri fhaicinn am measg chàich ;
Ceann feadhna meaghrach faiceallach,
'M bheil taitneachdan air blàr ;
Fear iriosal ciùin céillidh thu,
Gun easbhuidh smior no treubhantas :
Gu 'm b' eireachdas fear t' eugais,
Air cheann daoine 'n taobh so 'n Fhraing.

Dubh 'us dearg 'us gile,
Dreach an fhir a tha mi 'g ràdh,
Gu calma fearrdha fireachail,
Ro chinnedail ri dàimh ;
'S e ceòl is fhearr 's is binne leam
Gu 'n d' eug do mhàthair firionnach,
Gu 'n canar sàr fhear cinnidh riut,
Gach ionad 'n dean thu tàmh.

Cha b' ioghnadh le luchd t' eolais
Ge bu deonach leo thu slàn,
Do dheoiridh 'us do dhilleachdain,
Gun bhi an teinn no sàs ;

A ghnùis tha flathail éibhinn,
Fear an luidh thu slan gu 'n eirich,
Deagh naigheachd fear na féile leat,
Do chéile bhi ni 's feàrr.

Oighr' air Loinn Mhic Iain thu
Mac samhuil gach cion-fàth,
Gu daimhail cairdeal inneachail,
Ri dhuine bhiodh an sàs ;
An ceanaltach 's an reusontachd,
Am fearalachd mar dh' fheumadh tu,
Gu 'm b' athaireil dhuit na beusan sin,
Bha léirsinneach do chàch.

Cha bhreac an iomall lònain thu
Gun neart gun seol air snàmh,
Cha 'n fhochann brais fòlaich thu,
Le gaiseadh mor 'na bhàrr ;
Cuspair cinnteach còmhnard thu,
Dhe 'n fhinne rioghail Dhòmhnullaich,
'S mairg a chuireadh còmhstri ort
'S tu deònach dol 'na phàirt.

'S tu shliochd nan curaidh mìleanta
Nach fuilingeadh spìd fo thàir,
Nach giulaineadh airm dhiomhaineach,
'S an tir a' dol fo smàl ;
Le caithream nam fear mòra sin
Bhiodh gearradh garbh air spòltaichean,

Bu shalach garbh a' chòcaireachd,
'N am tòiseachadh air àr.

Chuir Dia tagha céile ort
Rinn mais 'us feill ri dàimh ;
Rinn an gniomh bu smiorla
Rinn bean a tha no bha ;
Le barrachd uaisl' 'us rioghalachd
Ghluais i anns na gniomharan,
Thug seanachas buan do linneachan
Air chuimhn' an déigh a bàis.

Cha b' ioghnadh leam a h-uaisle
Thoirt dh' i gluasad anns a' chàs,
Bha stoc na craoibh o 'n d' bhuaineadh i
Gun ghrod gun ruaidh gun smal ;
Sliochd Aonghais Oig nam brataichean
'Us Raonaill Oig nam feachdana,
B' e 'm fortan còir 'n an tachaireadh
Do 'r n-eascairdibh bhi slàn.

MOLADH CHLANN DOMHNUILL.

TAPADH leat a Dhòmh'll 'Ic-Fhionnlaidh
Dhuisg thu mi le pàirt de d' chòmhradh,
Air bheagan eolais 's an duthaich
Tha cunntas gur gille còir thu ;
Chuir thu do chomaine romhad
'S feàirde do ghnothuich e 'n còmanuidh,
'S cinnteach gur a leat ar bàidse ;
'S leat ar cairdeas fhad is beò thu.

Mhol thu ar daoine 's ar fearann
Ar mnathan baile, 's bu choir dhuit—
Cha d' rinn thu dì-chuimhn' no mearachd
Mhol thu gach sean 'us gach òg dhiubh.
Mhol thu 'n uaislean, mhol thu 'n ìslean
Dh' fhàg thu shios air an aon dòigh iad,
Na bheil de 'n ealaidh ri chluinntinn
Cha chion dìchill a dh' fhàg sgòd orr.

'Teannadh ri moladh ar daoine
Cha robh e air aon dòigh soirbheach,
An gleus an gaisge 's an teomachd,
Air aon aobhar thig 'nan còmhail,
Nochadh an aodan ri gradan,
Cha robh gaiseadh anns a' phòr ud :
Cliù 'us pailteas mais' 'us tàbhachd,
Ciod e 'n càs nach faight' air chòir iad ?

Cha bu mhisd thu mise làimh riut
'N am a' bhi 'g àireamh nan conspunn
Gus inns' am maise 's an uaisle,
An gaisge 's an cruadal 'n am togbhail ;
B' iad sud na fir a bha fearail,
'Philleadh an sheasgair an tòireachd,
'S a dh' fhàgadh salach an àraich
'N am fanadh an namhaid ri 'n comhrag.

Ach 'na' faiceadh tu na fir ud
Ri uchd teine 's iad an òrdugh ;
Coslas fiadhaich a' dol sios orr ;
Falbh gu dian air bheagan stòldachd ;
Claidheamh rùisgt' an laimh gach aoin fhir,
Fearg 'nan aodann 's faobhar gleòis orr',
Iad cho nimheil ris an iolair,
'S iad cho frioghal ris na leòghainn.

Cha mhor a thionnal nan daoin' ud
Bha ri fhaotainn 's an Roinn Eòrpa,
Bha iad fearail an am caonnaig,
Gu fuilteach, faobharrach, stròiceach ;
'N am faigheadh tu iad an gliocas
Mar a bha 'm misneachd 's am mòrchuis,
C' àite 'm facas riamh ri 'n àireamh
Aon fhine b' fhearr na Clann Dòmhnuill ?

Bha iad treubhach, fearail, foinnidh,
Gu neo-lomara mu 'n stòras ;

Bha iad cunbhalach 'nan gealladh,
Gun fheall gun charachd gun ròidean,
Ged a dh' iarrta nuas an sinnsear,
O mhullach an cinn gu 'm brògan,
'N donas cron a bha ri inns' orr'
Ach an righealachd mar sheòrsa.

Ach ma mhol thu ar daoin' uaisle
C' uim' nach do luaidh thu Mac-Dhòmhnuill?
Aon Mhac Dhé bhi air na bhuachaill,
'Ga gleidheadh buan duinn 'n a bheò-shlaint;
O 'n 's curaidh a choisneas buaidh e,
Leanas ri dhualchas an còmhnuidh,
Nach deachaidh neach riamh 'n a thuasaid
Rinn dad buannachd air an còmhstri.

C' àit' an d' fhàg thu Mac-Ic-Ailein
'N uair a thionaileadh e mhor-shluagh?
Na fir chròdha bu mhor alla
Ri linn Alasdair 's Mhontròis;
'S mairg a dhùisgeadh ruinn bhur n-aisith
No thionndadh taobh ascaoin bhur cleòca,
Ge b' e sùil a bhiodh 'g an amharc
Cromadh sios gu amhainn Lòchaidh.

Ach ma chaidh thusa 'n an sealbhaibh
C' uim' nach d' sheanchais thu air chòir iad,
Teaghlach uasal Ghlinne-garaidh
'S na fuirain o ghleannaibh Chnòideart;

'S iomadh curaidh laidir, uaimhreach,
Sheasaidh cruaidh 's a bhuaileadh stròicean,
O cheann Loch-Uthairn nam fuar bheann
Gu bun na Stuaidhe am Mòr-thir.

An d' fhag thu teaghlach na Ceapach ;
'S mor a chreach nach 'eil iad còmhslan,
Dh' éireadh iad leinn suas an aisith,
Le 'm piob 's le 'm brataichean sròile.
Mac Iain a Gleanna Cothann,
Fir-chothanta 'n am na còmhstri,
Daoine foinnidh fearail, fearrdha,
Rusgadh arm us fearg 'nan srònaibh ?

Dh' fhàg thu Mac Dhùghail a Lathurn
Bu mhùirneach gabhail a' chòmhlain,
Cuide ri uaislean Chinntire,
O 'n Roinn Ilich 's Maol na h-Odha ;
Dh' fhag thu Iarl' Antrim a Eirinn,
Rinn an t-euchd am blar na Bòine,
'N uair dhluthaicheadh iad ri chéile,
Co chunntadh féich air Clann-Dòmhnuill ?

Alba, ge bu mhor ri inns' e,
Roinn iad i o thuinn gu mòintich,
Fhuair an coir o lamh Chlann-Domhnuill
Fhuair iad i rithist an Ròta ;
'S iomadh curaidh mor bha innte
Cunntaidh Antrim ge bu mhor i,

Sgrios iad as an naimhdean uile
'S thuit Mac Guilbinn 's an tòireachd.

Bhuinig iad baile 's leth Albainn,
'S e 'n claidheamh a shealbhaich còir dhoibh ;
Bhuinig iad latha Chath Gairbheach ;
Rinn an argumaid a chòdach.
Air bheagan cònaidh gu trioblaid
Thug iad am bristeadh a mòran ;
Mac Ill' Sheathain ann le chuideachd
'S Lachain cutach Mac-an-Tòisich.

'N an tigeadh feum air Sir Seumas,
Gu 'n éireadh iad uile còmhlath,
O roinn Ghall-thaobh gu roinn Ile
Gach fear thug a shinnsear còir dha ;
Thigeadh Mac Coinnich a Bràthainn,
Mac Aoidh Strath Nàbhair 's Diùc Gòrdon';
Thigeadh Barraich 's thigeadh Bànaich,
Rothaich, 'us Sàilich, 'us Ròsaich.

Ar luchd dàimh 's ar càirdean dìleas
Dh' éireadh leinne sios 'an còmhstri
Thigeadh uaislean Chlann-Ill'-Sheathain,
Mu 'n cuairt cho daingean ri d' chòta :
Iad fo ghruaim ri uair a' chatha,
Cruaidh 'nan làmhan sgathadh feòla,
Tarruing spàinteach làidir lìobhar ;
Sgoilteadh dìreach cinn gu brògan.

c

Buidheann fhuilteach, glan nan geur-lann
Thigeadh reiseamaid nan Leòdach,
Thigeadh reiseamaid nan Niallach
Le loingeas lionmhor 's le seòltaibh:
Foirbeisich 's Frisealaich dh' éireadh,
'S thigeadh Clann-Reubhair an òrdugh :
'N uair a dhùisgeadh fir na h-Iubhraich,
Co thigeadh air tùs ach Tòmas !

SMEORACH CHLANN DOMHNUILL.

Holaibh o iriag horoll o,
Holaibh o iriag horo i ;
Holaibh o iriag horoll o,
Smeòrach le Clann Dòmhnuill mi.

Smeòrach mis' air ùrlar Phabuill,
Crùbadh ann an dùsal cadail,
Gun deònachd a théid ni 's faide,
Truimead mo bhròin thoirleum m' aigne.

Smeòrach mis' air mullach beinne,
'G amharc gréin' 'us speuran soilleir ;
Thig mi stòlda chòir na coille,
'S bi mi beò air treòdas eile.

'Smeòrach mis' air bhàrr gach bidein,
Deanamh mùirn ri driùchd na maidne,
Bualadh mo chliath luth air m' fheadan,
Seinn mo chiùil gun smùr gun smodan.

Ma mholas gach eun a thìr féin,
Ciod am fàth nach moladh mise,
Tìr nan curaidh tìr nan cliar,
An tìr bhiachar, fhialaidh, mheasail.

An tìr nach caol ri cois na mara,
An tìr ghaolach, chaomhach, chanach,
An tìr laoghach, uanach, mheannach,
Tìr an arain, bhainneach, mhealach.

An tìr riabhach, ghrianach, thaitneach,
An tìr dhionach, fheurach, fhasgach,
An tìr lianach, ghiaghach, lachach,
'N tìr 'm bi biadh gun mhiagh air tacar.

An tìr choirceach, eòrnach, phailte,
An tìr bhuadhach, chluanach, ghartach;
An tìr chruachach, sguapach, ghaisneach,
Dluth ri cuan gun fhuachd ri sneachda.

'S i 'n tìr sgiamhach tìr na machrach,
Tìr nan dìthean miadar daite;
An tìr làireach, aigeach, mhartach,
Tìr an àigh gu bràth'ch nach gaisear.

'N tìr is bòidh'che ta ri fhaicinn,
'M bi fir òg an còmhdach dreachmhor,
Pailt ni 's leòr le pòr na machrach,
Spréigh air mòintich ; òr air chlàchan.

An Cladh Chòthain rugadh mise,
'N Aird-a-Runnair chaidh mo thogail,
Fradharc a' chuain uaimhrich chuislich,
Nan stuadh guanach, cluaineach, cluicheach.

Measg Chlann-Dòmhnuill fhuair mi m' altrum.
Buidheann nan sròl 's nan seòl daithte',
Nan long luath air chuantan farsuing,
Aiteam nach ciùin rùsgadh ghlas-lann.

Na fir eòlach, stòlda, staideil,
Bha 's a' chòmhstri stròiceach, sgaiteach,
Fir gun bhròn gun leòn gun airtneul,
Leanadh tòir 'us toir a chaisgeadh.

Buidheann mo ghaoil nach caoin caitean,
Buidheann nach gann greann san aisith,
Buidheann shunntach 'n am bhi aca,
Rùsgadh lann fo shranntaich bhratach.

Buidheann uallach an uair caismeachd,
Leanadh ruaig gun luaidh air gealtachd,
Cinn 'us guaillean cruaidh 'g an spealtadh,
Aodach ruadh le fuaim 'ga shracadh

Buidheann rìoghail 's fior-ghlan alla,
Buidheann gun fhiamh 's iotadh fal' orr' ;
Buidheann gun sgàth 'm blàr no 'n deannal,
Foinnidh, nàrach, làidir, fearail.

Buidheann mòr 's am pòr nach troicheil,
Dh' fhàs gu meamnach dealbhach toirteil ;
Fearail fo 'n airm 's mairg d' a nochdadh
Ri uchd stoirm nach leanabail coltas.

Suidheam mu 'n bhòrd stòlda, beachdail,
'N t-sùil 's an dòrn nach òl a mach i,
Slàint' Shir Seumas 'se thigh'n dhachaigh,
Aon Mhac Dhé mar sgéith d' a phearsa.

ORAN

DO SHIR SEUMAS MAC-DHOMHNUILL

SHLEIBHTE.

Air tuiteam a' m' chadal a nis o chionn fada,
Gu 'n d' thachair dhomh aiceid a stad ann am bhràghad :
Tha cneadh air mo ghiùlain tha àmgharrach ciùirte,
Cha bhi mi 'g a mùchadh gu 'n rùisg mi os àird i ;

Ach Dia bhi 'g a chòmhnadh 's a' riaghladh a ròidean,
An tì 'm bheil mo dhòchas, fo chòmhnadh an Ard-righ,
Lagaich mo dhòruinn, neartaich mo shòlas,
Chuir mi ann an dòchas bhi ni 's òige na tha mi.

'S iomadach buille so b' éiginn duinn fhulang,
Bha chuing air ar muineal 's bu truim' i na phràiseach,
Cho trom ri cloich mhuilinn 'na sìneadh air lunnan,
Ri iargain nan curaidh 's iad uil' air ar fàgail.
Greadan a' gheamhraidh a lagaich gu teann sinn,
'N uair chaill sinn ar ceannard nach robh shamhla measg
     Ghàidheal,
Connspunn na h-aoidhealachd leòghann na rloghalachd,
Dòruinn r' a innseadh do 'n linne nach d' thàinig.

Dòruinn r 'a innseadh, an dòruinn a chlaoidh sinn,
Thòirleum 'n ar inntinn cho ìosal ri 'r sàilean,
Ar Ceann-feadhna mòr prìseil bu mhòr urram 's an rìgheachd,
Gu 'n d' thug an t-eug dhinn e ar mì-fhortan làidir ;
Fhir a chunnaic ar cruadal, leig umainn am fuaradh,
Bi thusa 'n a' d' bhuachaill, air an uair so 'na àite,
Cuir dhachaigh Sir Seumas gun aiceid gun éislean,
Gu chuideachda féin Mhuire 's éibhinn mar thàrsuinn !

Chriosda gléidh dhuinne ar buachaille cliùiteach,
Ar n-uachdaran dùthcha tha chùram an tràths oirnn ;
Allail ar fiùran, smiorail 'us grùnndail,
Fearail ri 'dhùsgadh 'nan tionndadh a mhànran.

Barant tha mùirneach, carraig ar bùnndaisd,
Ar n-aon 's ar cairt dhùbailt 's ar crùn air an tàileasg,
An ràmh nach 'eil bristeach, ar lann an am trioblaid,
Ar ceannard 's ar misneachd, fear briseadh a' bhàire.

An dùsgach no 'n cadal duinn, 'n ùrnuigh no 'n athchuing',
Ar déirce 'g a nasgach thu thigh'n dhachaigh sàbhailt;
Mùint' ann an cleachdadh thu, cliùiteach ri d' chluaistinn
  thu,
Mùirneach ri t' fhaicinn, air each no air làr thu.
Ar n-aighear 's ar sòlas, ar fion air na bòrdaibh,
Ar mire 's ar ceòl thu, 's ar dòigh air ceòl-gàire;
Ar connspunna féile, a dheònaich Mac Dhé dhuinn,
Gu còir chur air stéidhe, 's gu eucoir a smàladh.

Gur h-innealt' an connspunn Ceann-cinnidh Chlann Dòmh-
  nuill,
Fear iriosal stòlda gun tòir air an àrdan;
Eireachdail, coimhliont, soilleir 'an eòlas,
Canar 'n am tògbhail ris, bòchdan mo làmhsa;
Cùirtear na siobhaltachd, ùrla na h-aoidhealachd,
Tlusail ri dìlleachdain 's cuimhneach air àiridh,
Aigeannach innsgineach, beachdail air rìoghalachd,
Gaisgeach ro mhìltean, 'nan sìneadh e 'n gàirdean.

Mo rùn an sàr ghaisgeach, fear òg a' chùil chleachdaich,
Fear mòralach gasda, gun ghaisgeadh, gun tàire.
Curaidh nam brataichean, guineach ri 'm bagairt iad,
Chuireadh an t-sradag, 'na lasair gun smàladh,

A bhuaileadh a' chollaid mu 'n chluan air an cromadh iad
Ghluaiseadh neo-shomalt an coinneamh na nàmhaid',
Le Spàintichean loma le mosgaidean troma,
Le fùdar caol meallach 'n àm teannadh ri làmhach,

Ge fad' a bha m' aiceid, 'na còmhnuidh fo m' asgail,
Fògraidh mi as i, thig aiteas na h-àite.
Cuiridh mi airtneul air fuadach gu chairteal,
'N uair chuireas Dia dhachaigh 'na dh' aisig mo shlàinte ;
Moladh do 'n léigh dh' fhàg fallain mo chreuchdan,
Tharruing mo spéirid ni 's treine na b' àbhaist ;
Aghaidh Shir Seumais, aghaidh na féile,
Taghadh gach speuclair thug an léirsinn ni b' fheàrr dhomh.

Aghaidh na staidealachd, aghaidh na sgairtealachd,
Aghaidh na maisealachd, tlachd agus àilleachd ;
Aghaidh na fearalachd, aghaidh na smioralachd,
Aghaidh is glaine thug sealladh an sgàthan ;
Aghaidh na stòldachd, aghaidh na mòrchuis,
Aghaidh na leòghainn ach tòiseachadh ceàrr air ;
Buinidh dha 'n òigear bhi currant 'an còmhstrì
'S gur iomadh laoch dòrn gheal, bheir tòireachd ma's àill leis.

Cha sùgradh ri chlaistinn bhi dùsgadh do chaismeachd,
Bhi dùsgadh do bhratach, gu h-aigeantach stàdail,
Piob tholltach 'ga spalpadh sior phronnadh nam bras-phort,
Fraoch tomach nam badan, ri brat-chrann 'g a chàradh ;

Barant de dh' uaislean a' tarruing mu 'n cuairt d'i;
Gu 'm b' fhearail an dualchas, 'n am buannachd buaidh-
    làrach,
Ceathairne ghruamach gun athadh roimh luaidhe,
Dh' fhàgadh gun ghluasad cuirp fhuar anns an àrfhaich.

Gur h-iomadh sàr-ghaisgeach, tha urranta smachdail,
A theannadh a steach riut 'n am aisith no cnàmhain;
Le 'n Spàintichean sgaiteach cho geur ris an ealtainn,
'N am bhualadh nan claignean, gu 'n spealtadh iad cnàmhan;
Gu fireachail aotrom air mhir' anns a' chaonnaig,
Bhiodh fuil air na fraochaibh, mu 'n traoghadh an àrdan,
Le comunn gun chlaonadh gun somaltachd gaoirdean,
'N am lomadh nam faobhar, ri aodann na nàmhaid.

'N am faicte' Sir Seumas 's gu 'n cuireadh e feum air,
Gur h-iomadh taobh dh' éireadh leis, réiseamaid làidir,
An Alba 's an Eirinn cho deònach le chéile,
O Chluaidh nan long gleusda gu leum e Port-Phàdruig:
Uaislean Chinntìre, bu dual da o shìnnsir,
Gu 'n rachadh iad sios leis, gun di-chuimhn' gun fhàilinn,
Gu 'm bi iad cho tidheach 's gu 'n deanadh iad mì-stath,
Mar leòghanna miannach 's gun bhiadh aig an àlach.

Dh' éireadh na Leòdaich, dhéireadh 's bu chòir dhoibh,
Dh' éireadh 's bu deònach thaobh eòlais 'us càirdeis,
Thigeadh am mòr-shluagh, brisg ann an òrdugh,
Sgiolta na connspuinn an tòiseachadh blàir iad;

Dearbhadh na fearalachd, calma 'n àm tarruing iad,
An calg mar na nathraichean 's fearann ga réiteach,
Stròiceach le lannaibh iad, dòrtach air falanan,
Còcairean ealamh, air cheannaibh 's air chnàmhaibh.

Dhùisgeadh 'n a' d' charraid fir ùr Ghlinne-garaidh,
B' e 'n dearmad gun ghainne, siol Alain d' a fhàgail,
Daoine cho fearail cho saoithreach air lannaibh,
Gu faicte' neul fal' orr' 'g an tarruing a sgàbard ;
Inntinneach togarrach, impidh cha 'n obadh iad,
Fior chruaidh gun bhogachadh, 's obair air làraich,
Calma mar churaidhean, 's mairg air an cuireadh iad ;
Chuireadh am buillean gu fulang na Spàintich.

Dh' éireadh fir Mhuile, le éibhe nan cluinneadh iad,
Dh' éireadh iad uile gu h-urranta làidir,
Dualchas a chumadh iad, guallainn ri uileann iad,
Bhuaileadh iad buillean, mu 'm fuiling thu tàmailt,
'S cràiteach r'a innseadh, bhi 'g àireamh bhur dìobhail,
Na thuit de 'n dream rìoghail am mi-fhortan Theàrlaich,
Iadsan cho ìosal fo shàilean nan Duineach,
Na càirdean cho dìleas 's a bha *inc* ris a phàipeir.

TALADH IAIN MHUIDEARTAICH.

MHUIRE! 's e mo rùn mo leanabh,
'S tu mac oighre Mhic-Ic-Ailein,
Ogha 's iar-ogh nan fear fearail,
Chaidh 'ur 'n alla fada 'ga cur.
    B' fheàrr leam féin gu 'n cinneadh sud dhuit,
    Aois 'us fàs 'us àilleachd 'us cruth,
    Maise 's féile dh' éireadh iad dhuit.

Taing do 'n Ard-rìgh thu bhi firionn,
Chum 's gu 'm meudaicheadh tu 'n fhinne,
'S gu 'n biodh tu a' d' spailp air do Chinneadh,
'S an deagh ionad 's am bheil thu 'n diugh.
    Bhi gu sìobhalt' bhuineadh sud dhuit,
    Garg 'us mìn mar chàirte ri d' uchd,
    Pailt 'us rioghail 's aoidheil mu d' chuid.

B' fheàrr leam fhéin gu 'n cluinneadh càch e
'N uair nach bithinn fhéin a làthair,
Iain Muideartach bhi 'na àrmunn,
Air an làrach am bheil e 'n diugh:
    'N a cheann tàmha ri tàrmunn puirt,
    Anns an àros 'n seinnear a' chruit;
    'S bhiodh do chàirdean mànranach riut.

Thaobh do sheanar 'us do shean-mhàth'r,
Craobh a b' aithne dhòmhsa 'leanmhuinn,
Comunn mo rùin a dh' fhàs ainmeil,
As an ana-meinn cha d' rinn iad bun.
   Cha robh mì-run fillte ri 'n cruth ;
   Iochdmhor, fiachail, 's fialaidh mu 'n cuid ;
   Cliù, 'us ciatamh, 's rianadh le guth.

'S iomadh rioghachd agus nàisean,
'S an do mheudaich sibh 'ur càirdean,
Mar 'rinn sibh ri prionnsa Teàrlach,
'N uair 'bha 'ghràisg a' bagairt a mhort.
   Lean an dùthchas clùiteach ud riut—
   Dol an cunnart d' anma 's do chuirp ;
   Thaobh an cùil cha tionndadh iad stuth.

Fir Chnoideart 's ann leibh gu 'n druideadh,
'Rachadh mar sheabhag 's na druidibh,
B' e beachd 'ur naimhdean bu ghlice,
Thaobh 'ur misnich gu 'm b' fheàrr dhoibh sgur.
   Luchd 'ur eucoir gheilleadh iad tur,
   Meud 'ur beuma, 's géiread 'ur luinn,
   'N déigh an léireadh b' éiginn dhoibh sgur.

An fhinne mhòr 's am pòr dh' fhàs ainmeil,
Domhnullaich, 's Raonullaich chalma,
Bha gu fuilteach, stròiceach, fearrgha,
'N uair a chàirte 'n arguin ri 'n uchd.

'S e Clann Raonuill bhoillsgeadh mar thuil,
'N àm na caonnaig chraosgladh iad fuil ;
Fearg 'nan aodann 's b' aognuidh an cruth.

C' àite an robh iad riamh ri 'n àireamh,
'S iad 'nan seasamh ri h-uchd nàmhaid,
H-aon a bhuadhaich air Clann Rà'uill,?
'S iomadh arfhaich 's an d' rinn iad bruth.
    Le 'n gaoir-chatha farum an uilc ;
    Cinn 'g an sgathadh, snaidheadh air cuirp ;
    Luaidhe treabhadh domhain troimh 'm fuil.

C' àite an cualas riamh ri 'n àireamh,
'S iad 'nan seasamh air cùl Spàintich,
H-aon a bhuadhaich air Clann Rà'uill,
Gnùis gun fhàillinn, stàilin mar stuth ;
    Dream gun eagal, 'sheasadh roimh 'n *trup* ;
    Cruaidh, gu fearail, tarruing air stuic ;
    Stialladh ghearran 's fhear air am muin.

Bha Clann Rà'uill treun aig 'Arla ;
'N uair 'bhrosnuich Lachlann am bàrd iad,
Sheas iad dìleas mar an stàilinn
Gus an robh 'n nàmh toileach air sgur.
    Na fir àluinn àireamh dhiu thuit,
    'S cha bu nàr dhoibh tràghadh air fuil ;
    'S b' iomadh àrmunn 'bhàsaich le guin.

An cuimhne leibh latha Blàir-Léinne ?
Bha na Frisealaich 'nan éiginn,

Cha d' shàbhail fear as a cheud diu,
'S ghléidh sibh féin bhur cuid gus an diugh.
   Na fir thaobhgheal 'b' fhaobharach guin,
   Luaidheadh aodach caol agus tiugh ;
   Cloithean màdair 's càrnaid 'nan cur.

Ri linn Alasdair 's Mhontròis,
Bha sibh 'n 'ur caithream an Lòchaidh ;
Bu ghleusda, baranta, Dòmhnull,
Leomhann crò 's an tòrachd a muigh.
   Bha 'ur naimhdean diolta dhe 'r cluich ;
   Thug iad maoim a mach air a' mhuir,
   Broinn air bhroinn a' ruith leis an t-sruth.

B' iomadh fear-cleòc' agus abaid,
Bha chòta cho fliuch r' a chais'eart,
Fòghlum an t-snàimh' nach robh aige ;
Air an aigeal luidh iad air ghur.
   Cha robh daol a' faochnadh an cuirp ;
   Oir bha 'n aodach, caol agus tiugh,
   Ni nach b' ioghnadh, aognuidh 's e fliuch.

Là eil' ann an Coille-chnagaidh,
Dh' fhalbh Mac-Aoidh 's gu 'n dh' fhàg e *'bhaggage*,
B' fheumail an gniomh rinn an t-each dha,
Air na bh' aige chuir e droch bhuil.
   B' iomadh sonn a b' fhonnmhoire guth,
   Bh' air Raon-Ruaraidh 's fuaran o 'n cuirp,
   Cinn 'us gruagan luaidht' ann am fuil.

Là eil' ann an Sliabh an t-Siorraim,
Cùis an àir a dh' àraich tioma,
Thuit Ailean an neart an teine ;
Leomhann smearail 's b' fhearail a chruth.
    'S truagh an tòrachd 'thàinig thar muir,
    Dh' fhàg sud leòinte 'stigh sinn 's a muigh ;
    Nis, sin stòlda 's còir dhuinn bhi sgur.

ORAN DO MHAC-IC-AILEIN

NO

CUIDEACHADH IAIN GHRUDAIR.

MILE beannachd dhuit Iain Ghrùdair
Dhùisg thu mi le t' uirigleadh,
B' aisling caillich mar a dùrachd,
Tha mi 'n dùil a chunna tu ;
Bha thu dichiollach gu leòr
Gu meòrachadh ni b' urrainn duit ;
'S 'na' dh' fhàg thu féin gun chur air dòigh
Cha bhi an còrr dheth uireasbh'each.

C' uime, 'n deigh 's a dhol 'na' dhàil,
Nach d' rinn thu pàirt a chumadh dheth ;
'N am bu bhàrd thu dheanadh dàn,
Mo làmh gu 'n éireadh luinneag leat,
Air duine treubhach, euchdach, sàr-mhaith,
Fialaidh, fàilteach, furanach,

Nach faca nàmhaid, air là blàir,
An sàilean air raon iomanach.

'S e tùs mo sgeòil an Tighearn òg,
'S cha deanadh do ghlòir tuiream dha :
Cha stad an cainnt cha teanga mhall,
A dheanadh rann do 'n duine sin,
Dha 'm bheil na càirdean lìonmhor, làidir,
Anns gach ceàrn an cruinnich iad,
'S tric a thug beàrn as a' nàmhaid,
'S bhiodh an àireamh diombuain dhoibh.

Ma thig air Mac-Ic-Ailein éiginn,
'S eòl domh féin am furan air,
'N a' chaisgeadh fheum 's gach toir 'us déigh,
A chuireadh éis no mulad air :
An Albainn féin tha sluagh nach géill ;
Cunntas cheud a dh' iomadh treubh,
Nach diùltadh éirigh uair na h-eucail
'S thig o Eirinn iomadaidh.

'N uair thogar ri crannaibh do shìoda,
Chluinntear pìob 'us drumaichean ;
Suaicheantas maiseach gu leòr,
Aig Dòmhnullaich, na curaidhean.
Bi fraoch nan garbh-bheann ri mac-meamnach,
Craobh nach searg an duilleach aic' ;
Long 'us bradan 'us làmh dhearg,
'Us leòghann fearrgha furachair.

Ni nach neònach 's leat Chlann Dòmhnuill,
Na laoich chròdha churanta ;
Théid garbh 's a' chòmhstri, searbh 's an tòrachd,
Garg mar leòghann chuileanan :
Ri sgathadh chluas ri spealtadh ghuaillean ;
Sgoltadh chnuachd 'us mhullaichean ;
Théid bras 's an ruaig nach tais ach cruaidh,
'S e fear nach buan 'ni fuireach ruibh.

'S cinnteach thig do chinneadh féin leat,
Làidir, treubhach, curanta ;
Théid 'nan éideadh bhualadh spéicean,
'S cruaidh am beum 's gur guineach iad.
An iomairt lann cha 'n 'eil iad mall,
Gur lìonmhor geall a bhuinig iad ;
A siapadh cheann thar chorp nan Gall,
'Us tart an geall air fuil orra.

Thig na Leòdaich mar na seabh'ga
Air am fòghlum tur-bheumach,
Làidir, eòlach, 's fearg 'n an srònaibh,
Leònadh iad gu cunnartach.
Gur nimheil beurtha ni iad creuchdan,
Cha téid léigh an urras orr',
Bi caonnag chaoich an gnùis gach laoich,
Co nàmh a dh' fhaodas fuireach riu ?

Eirigh fiùrain fhlathail, ùra,
Stiùbhartaich gu dubh-mharbhadh ;

Iarla Bhòid le chòmhlan cliùiteach,
'N uair a dhùisgear 's duilich e.
Thig o Atholl na fir bhorba,
Cholgarra, ro iomairteach,
Gach aon as an Aipinn an Iar,
'S an àm dhoibh triall bi bhuinig ac'.

Thig Clann Iain leat an òrdugh,
'S bòchdain a gheibh urram iad.
Bi fuil 'ga dòrtadh leis na leòghainn
'S gu 'm bi feòil na culagan ;
Le claidheamh cruadhach a' sìor bhualadh,
'S luathaireach na curaidhean,
Gun leòn gun sgios gu brath'ch cha till iad,
Gu 'n téid gìll a chur leotha.

Thig na Catanaich le cìnnt ;
Cha 'n ioghnadh iad a chruinneachadh,
Gus do dhìdean o luchd mì-run ;
'N àm na strì cha chuirear riu.
Gur làidir treun gach conspunn féille,
Nach éisd bhi 'g a' d' dhi-moladh ;
'N uair chruinneacheas iad uile còmhlath
Bi ni 's leor 's na h-urrad ann.

ORAN DO NA FOGARRAICH.

TOGAIBH misneachd us sòlas,
Bithibh inntinneach ceòlmhor,
'Us cuiribh 'ur dòchas
Ann an còmhnadh an Ard-Righ
Bho 'n is éiginn duibh seòladh,
'Us nach ann do 'ur deòin e,
Do 'n rìgheachd nach eòl duibh,
Mar a thòisich 'ur càirdean.

Bho nach fuiling iad beò sibh,
Ann an crìochaibh 'ur n-eòlais,
'S feàrr duibh falbh de 'ur deòin as,
Na bhi fòdha mar thràillean
'S iad na h-uachdarain ghòrach,
A chuir fuaradh fo 'r srònaibh,
'S a bhris muinneal righ Deòrsa,
'N uair a dh' fhòg'radh na Gàidheil.

Ma thig cogadh 'us creachadh,
Mar is minic a thachair,
'S ann a bhios sibh 'n 'ur starsaich,
Fo chasaibh bhur nàmhaid;
Tha sibh soirbh ri bhur casgairt
Gun neach ann gus a' bhacail,
Tha bhur guaillean gun tacsa,
'S na gaisgich 'g 'ur fàgail.

Righ ! gur sgiolta r' am faicinn,
'N a seasamh air faiche,
Le 'n aodaichean gasda
De bhreacanan càrnaid,
'N a' dh' fhalbh uaibh an ceart uair,
De dh' òganaich dhreachmhor,
Gun truailleadh, gun ghaiseadh,
Gun taise gun tàire.

Thug sud sgrios air Mac Dhòmhnuill,
Thug e spùineadh air mòran,
Thug e lomadh air Cnòideart,
Agus leòn air Clann Rànaill ;
Falbh nam fear mòra
Falbh nam fear òg',
Agus falbh nam fear cròdha,
'N àm tòrachd a phàigheadh.

Bi Cinn-chinnidh 'n an ònar,
Bi an slinnean gun chòmhdach,
Gun treise gun chòmhnadh,
'N uair thig fòirneart an làthair
Bi 'ur nàimhdean gu spòrsail,
'G 'ur stampadh fo 'm brògan,
Luchd fòirneart gu treòrach',
Gun neach beò gus an àicheadh.

'S bochd an gnothuich r' a smaointinn
Gu bheil am fearann 'ga dhaoradh,

'Na' dh' fhalbh dhe 'n cuid dhaoine,
Thàinig caoirich 'nan aite.
'S lag an sluagh 's gur a faoin iad,
Dol an carraid no 'n caonnaig,
Làn de bhracsaidh 's de chaoile,
'S iad fo dhraoigh 'Ille Mhàirtin.

Cha dean smiùradh 'ur saoradh,
'N làthair batail air raontaibh,
No fead cìbeir an aonaich,
Gur e caochladh 'ur n-ànraidh ;
'S ged a chruinneacheadh sibh caogad,
Mholt 'us reithichean maola,
'S beag a thogadh a h-aon diu,
Claidheamh faobharrach stàilinn.

Ciod e 'm fàth dhomh bhi 'g innse,
Gu 'n d' fhàs sibh cho mìothar,
'S gu 'n spothadh sibh frìde,
Far an dìreadh i fàrdain?
Dh' fhalbh na ceannardan mìleant',
'G an robh sannt air an fhìrinn,
Agus geall air an dìllsean,
Agus cuing air a' nàmhaid.

Air an tuath bha iad cuimhneach,
'S cha b' ann gus an sgrìobadh,
Gu 'm biodh bantraichean 's dìlleachdain,
Dìolta gu saoibhir ;

Bhiodh gach truaghan gun dìth air,
Mu 'n cuairt air na suinn ud,
Cha sealladh iad ìosal,
Bha 'n inntinn robh stàtail.

Dia 'stiùireadh 'ur gnothuich,
Air gach taobh agus romhaibh,
A null air chuan domhain,
Is coimhiche gàire,
Thugaibh eòlas 'us earail,
Do 'n ghaoith a bhi tairis,
Gus an giùlain i thairis,
'Ur mnathan 's 'ur pàisdean.

Biodh an fhairge le mothar,
Toirt an spìd as an reothart,
Biodh *Neptune* 'g a clobhadh,
Gun tomhas ro àrd orr';
Gus an ruig sibh am fearann,
Gun eagal a ghabhail,
Dol air tìr mar is maith leibh,
Ann an calaichean sàbhailt'.

O ! triallaibh nis fheara
Gu dùthaich gun ghainne,
Cuiribh cùl ris an fhearann,
'Chaidh thairis am màl oirbh,
Gu dùthaich na meala,
Gu dùthaich a' bhainne,

Gu dùthaich an ceannaich sibh
Fearann gur n-àilghios.

Gu dùthaich gun ghainne,
Gun chrionadh, gun stannard,
Far an cnuasaich sibh barrachd
'S a mhaireas 'ur làithean,
'S e saighdear glic fearail
'N uair chitheadh e 'm barrachd,
A theicheadh le anam,
'S nach fanadh 's a' làraich.

Seallaibh mu 'n cuairt duibh,
'Us faicibh na h-uaislean,
Gun iochd annt' ri truaghain,
Gun suairceas ri dàimhich ;
'S ann a tha iad am barail,
Nach buin iad do 'n talamh,
'S ged dh 'fhàg iad sibh falamh,
Cha 'n fhaic iad mar chall e.

Chaill iad an sealladh
Air gach reachd agus gealladh,
Bha eadar na fearaibh
Thug am fearann bho nàmhaid ;
Ach innseadh iad dhòmhsa,
'N uair théid sibh air fògradh,
Mur caill iad an còir air
Gun dòigh air a thearnadh.

ORAN FIR GHRIMINIS.

Moch 's mi 'g éiridh
Fo sprochd 's fo éislein,
Gur bochd mo sgeula
'S cha bhreug mo chainnt,
Ma 's sgeula fior e,
'S e sgeula is cianala,
Chualas riamh
Ann an Innse-Gall.
'S e sgeula mór e
Air bheagan sòlais,
'S e sgeula bhròin e
Gun cheòl, gun fhonn ;
'S e sgeul is truaighe
Chuala cluas e,
Air bheagan buannachd
'S gur buan a chall.

'S e sgeul tha cruaidh e
Gu 'n d' ghabh sibh fuadach,
Ar sar dhaoin'-uaisle
Gun ghruaim, gun sgraing ;
Gu 'n d' ghabh sibh fògradh,
'S cha b' ann 'g 'ur deòin,
Dha 'n an tir nach b' eòlach
An seòrs' ud ann.

Bi sinne brònach
Air cnoc 'nar ònar,
'S e luchd ar fòirneart
A bhuinigeas geall,
Gur éiginn strìochdadh
Do luchd ar mì-run,
'S ar càirdean dìleas
Dol fad o làimh.

'S e sgeul is cinntiche
Dhuinn r'a innse,
Ga 'n d' bhuail a chuibhl'* oirnn,
An tuinnse teann ;
Gu 'n d' rug beul sios † oirnn,
Gun dùil ri dìreadh,
Gu 'n d' luidh am mi-fhortan
Air ar ceann.

---

* Ga 'n d' bhuail a chuibhl' oirnn
Le tuinnse teann.

The word "cuibhle" in this connection probably means the wheel of fortune, or Providence. Iain Lom uses the word similarly in his elegy to Alasdair Dubh, Ghlinne-Garaidh—

"Thionndaidh cuibhl' air Clann Domhnuill,
'N treas a conspunn bhi bhuatha."

"Tuinnse" means the fatal blow which this wheel gave in the course of its revolution.

† "Beul sios" was an old phrase conveying a malediction. "Beul sios ort" was a strong expression of ill-will, and is probably taken from the tendency of the under-lip—especialiy in children—hanging down when a person is in sorrow.

Mu 'n fhine phrìseil
Bu mhisneachd rìgh sibh,
An am dol sìos duibh
Sibh cruinn 's a' champ,
'S a sheasadh làidir
Ri aodann Spàintich,
'S nach traoight' 'ur n-àrdan
Gun bhàs nan Gall.

Gur bochd an sgàthan
Bhi triall 'g 'ur n-àrdaich,
Gun ann ach fàsach
'Us làrach lom,
Na tighean maiseach
Am biodh am pailteas,
An deigh an sgapadh
Gun chloich, gun chrann.
Far 'm biodh a' chòisir
Gu mùirneach, ceòlmhor,
'S na tighean mòra
Bu bhòidheach greann ;
Bi còmhlan ùr ann
A danns' air ùrlar,
A' lionadh bùla*
'S gu 'n chumhn' air *dram*.

---

* "Bùla" is probably a corruption of the English word *bowl*, and refers to the old-fashioned punch-bowl.

Ar daoine fialaidh
Bha cliùiteach ciatach,
Nach d' fhuaireadh riamh
Ann a' fiar no feall,
Bha fearail fearrgha
Gun bhleid, gun anbharr,
Gun tnù, gun fharmad,
Gun chealg, gun sannt' ;
Iad ri falbh uainn
An dùdlachd aimsreach,
Le ùprait fairge
Is aingidh greann,
'Se smaoint an ànraidh
Air mnaoi 's air pàisdean,
Is goirt a ràinig
Gach cridh' an com.

Mar nach b' àbhaist
Cha chluinn sinn làmhach,
Bi cadal sàmhach
Aig damh nan eang,
Caidhlidh earba
Bheag nan gearr-chas,
Cha chluinn i farbhas
No stoirm 's a' ghleann.
Bho 'n dh' fhalbh Clann Dòmhnuil
Nam brat 's nan rò-seol,
An fhine bhòidheach—
Bu nòs domh 'n dream !

Leis 'na' dh' fhalbh a cheud uair
'S na bheil gu triall dhiubh,
Ri ùine bliadhna
Cha 'n fhiach sinn plang.

Dhubh na speuran,
Gu 'n d' dhubh na reultan,
Dh' fhalbh teas na gréine
Cha 'n 'eil e ann.
Thig croisean saoghalta
'S dosgaidh dhaoin' oirnn,
'S ann their gach aon fhear
Tha 'n taod cho teann.
Tha chùis ra 'r n-aodann
Cho cruaidh 's a dh' fhaodas,
'S a' fearann daor oirnn
Gun saorsa plang;
Tha 'n t-sìd air caochladh,
Le gaoith 's le caonnaig,
'S an tuil air aomadh
Bho thaobh nam beann.

Ar daoine fìnealta
Socair, sìobhall',
'N robh pailteas rìomhaidh,
Gun strì, gun staing;
B' e mais' 'ur beusan,
Bhi sgaipteach gléidhteach,
Bhi tapaidh, treubhach
Gu cur 'n a cheann;

Bhi reic ar n-àirneis
'S ar n-àite tàimhe,
'S e dh' fhàg 'ur càirdean
Gu tùrsach trom ;
'N a' bheil an làrach dhiubh
Falbh am màireach,
Gun dad a dhàil
Ach gu 'n tig an long.

'S i Ghearmailt uaimhreach
A dhearbh 'ur cruadal,
Rinn Alba chuartach'
Le cruas 'ur lann ;
B' e dreag bhur nàmhaid
Sibh sheasamh làidir,
An cinn bhi geàrrta
'S an cnàmhan pronn.
'S ma 's e 'n cruadal
Bha dhuinn an dualchas
Gu 'n d' leig sinn uainn e
'S ar guallain fann
Sinn nis nar tràillean,
Ma thig a nàmhaid
Gur làg ar pàirt dhiubh
'S ar n-àireamh gann.

Le mheud 's tha mhiann orm,
'S tha rùn air m' inntinn,
Cha 'n eòl domh innse'
Bho cheann gu ceann ;

Gach lascair ùr-ghlan,
A chaidh an taobh ud,
Cha 'n eòl domh chùnntas
Bho thùs mo rann.
Ach 's mor an dìth
Air a' cheàrn so 'n rìgheachd
Aig meud na h-ìre,
'G an d' thug sibh ann,
'S a nis o thriall sibh
Le 'r cliù 's le 'r ceutadh
Biodh beannachd Dhé leibh
'G 'ur dion gach ball.

ORAN MU 'N EIDEADH GHAIDHEALACH AN DEIGH BLIADHNA THEARLAICH.

THA mi cràiteach tinn, 's tha mi sgìth lan dochair ;
Ceangal air mo bhuill cha dean mi ceum coiseachd ;
Mallachd air an Rìgh thug na breachdain dhinn ;
    Guidheam air beul sios bho 'n a shìn e 'n t-osan.
Ged tha 'n stocainn fada 's i 'na cochull farsuing,
B' annsa 'n t-osan geàrr nach biodh réis o 'n t-sàil an gartan.

Luthaig thu ar còta 'na sgeòd farsuing
'S luthaig thu ar brògan ni 's leòir phailte ;
Mheudaich thu ar clìs, 's lughdaich thu ar ni,

'S dh' fhag thu sinn gun phrìs cha 'n 'eil dìreadh againn ;
Thug thu dhuinn a bhriogais, theannaich thu ar n-easgoid,
B' annsa 'm breacan sgaoilte 'n t aodach aotrom, sgiobalt.

'S olc a chulaidh oidhche bhi 'n luib na casaig,
Cha 'n fhaigh mi cas a shìneadh cha 'n fhaigh mi cadal ;
B' fheàrr an sòlas inntinn na deich slatan singilt'
    Chuirinn anns an fhéile 'n àm éiridh 's a' mhaduinn ;
Sud an t-aodach dreachmhor, chumadh gaoth 'us fras uam ;
Mallachd an dà shaoghail air aon fhear chuir as e.

Cha 'n 'eil culaidh shamhraidh is feàrr na 'm breacan ;
Tha e aotrom fonnmhor an àm an t-sneachda,
Bha e cleacht' r' an cùmhdach air na gaisgich lùth'or,
    'S aiceid air an giùlain nach 'eil e aca ;
Chulaidh bha cur fasgaidh air na Gàidheil ghasda,
Righ ! gur mòr am beud, le pléid a chur a fasan.

Cha 'n fhaca tu mac màthar, air sràid no faiche,
Is deise na mac Gàidheil le shàr phearsuinn,
Breacan air am féile, 's a chlaidheamh air chùl sgéithe,
    Le dhagaichean cho gleusda, nach éisd iad sradag,
Sgiath air gual a' ghaisgich claidheamh caol 'na achlais,
Cha 'n 'eil Gall 's an t-saoghal nach caochladh roimh fhaicinn.

'S maith thig boineid ghorm air chùl borb an cocadh ;
Cota geàrr 'us féile, air sléisnean nochte,,
Dhol an làthair cruadail, gu fuilteach nimheil buailteach,
    A' leadairt nam fear ruadha, bhiodh smuais 'ga fhosgladh,
Neart treun nan curaidh, 'cur nan lann gu fulang,
Bhiodh luchd nan casag millte 's an cinn dheth am muineil.

'N uair chruinnicheas na Gàidheil an làthair troda,
Le 'n geur lannan Spàinnteach 's an deàrsadh chlogad,
Pàighidh iad gu daor ann am fuil 's an gaor,
   'S cha bhi bonn gun dioladh de bhlàr Chulfhodair,
Cha 'n'eil urra chaidh a chreachadh no urra chaidh a ghlacadh,
Nach faigh iad luchd am mì-ruin gu 'n rogha dìol thoirt asda.

'N uair chluinneas fir na h-Alba do dhearbh chaismeachd,
Théid iad gu neo-chearbach fo d' dhealbh bhrataich ;
Dòmhnullaich bu dual, 's dàine théid 's an ruaig ;
   Tàillearan clo ruaidh ged nach fuaigh, ach strachdadh,
Le 'n cruaidh lannan sgaiteach snaitheadh chluas 'us
     chlaigeann,
'S gu 'm bi àireamh cheann air a' h-uile ball 's a' bhreacan.

Gur h-oil leam ar n-éideadh bhi air chaochladh cumaidh,
Ach chi mi bhi 'g a dhìoladh mu gheata Lunnainn,
Leis na fleasgaich bhòidheach chluicheas mar na leòghainn,
   Chuireas geilt air Deòrsa 's nach faod e fuireach,
Théid Righ Deòrsa dhachaigh 's am Prionns' òg a ghlacadh,
'S bi Teàrlach 'na Righ 's feàirde prìs nam breacan.

'S ionann 's a' bhi 'm prìosan bhi dhìth a' bhreachdain,
Deanamaid ùrnuigh dhìchiollach 's gheibh sinn taice,
'N uair thig iad a nall oirnn coig ceud mìle Frangach,
Bi'dh Teàrlach air an ceann, bi am ball fo 'n casan,
Sud an sluagh beachdail, chuireas an gleo reachd'or,
   Armailteach gu leòir, a luaidheas an clòth Catach,
'S 'nuair théid a mhuc a dhathadh 's a cuid uircean fhaileadh,
Air claidheamh no air breacan cha bhi tuilleadh bachdaidh.

ORAN NA H-OIGE.

An toiseach nam bliadhnaichean ùr',
Deireadh gheamhraidean ùdlaidh nam fras,
'N uair is anmoiche dh' éireas a' ghrian,
'S is lionmhoire 'shileas an sneachd ;
Bi gach leanabh, gach naoidhean bochd, maoth,
A' gabhail gu saothair 's gu cnead,
Aig géiread an fhàillidh 's an fhuachd,
Nach faodar an gluasad bho nead.

'N toiseach Earraich thig Gearran fliuch, garbh,
Chuireas calluinn gach ainmhidh air ais,
Thig tein-adhair, thig torrunn 'na déigh,
Thig gaillionn, thig éireadh nach lag ;
Bi gach leanabh gach naoidhean bochd maoth,
Nach urrainn doibh innse 'de 'n staid,
Gun eirbheirt, gun asdar, gun lùth,
Gus an teirig an dùdlachd air fad.

Mart tioram ri todhar nan crann,
A' sùghadh gach allt 'us gach eas,
Gach luibh bhios an gàradh no 'n coill,
Gun snodhach, gun duilleach, gun mheas ;
Bi turadh fuar fionnar gun bhlàths',
A' crùbadh gach àil a thig ris,
Bi gach creutair 'n robh aiceid 's a' Mhàrt,
Tigh'n air éiginn o 'n bhàs, no dol leis.

E

Mios ghrianach ùr fheurach an àigh,
'M bi gach luibh a' cur blàth os a cionn,
Nach bòidheach bhi 'g àrach gach luis,
Ur àluinn fo ghucaig 's fo dhriùchd !
Bi gach deòiridh 'n robh aiceid 's a' Mhàrt,
Fas gu bòidheach snuadhmhor glan ùr,
Le eirbheirt, le coiseachd, 's le cainnt,
'N déigh gach bochdainn 's gach sgraing chur air chùl.

Bailc-Bhealltuinn* nan cuinneag 's nan stòp,
'S nam measraichean mòra lom-làn,
Trom torrach, le uibhean, 's le eòin,
Le bainne, le feòil, 's le gruth bàn ;
Fàsaidh gillean cho mear ris na féidh,
Ri mire ri leum 'us ri snàmh,
Iad gun leth-trom, gun airtneul, gun sglos,
Sior ghreasad gu ìre 's gu fàs.

Mios dhubharrach, bhruthainneach, bhlàth,
Bheir sìneadh 'us fàs air a' ghart,

---

* Bailc-Bhealltuinn.—The word *bailc* is a good deal out of use in the sense in which the bard uses it in "Oran na h-Oige." In the Highland Society's Dictionary the word *bailceach* is found meaning rainy—*pluviosus*. Macleod & Dewar's Dictionary gives *bailc* among other meanings that of a flood—a mountain torrent. In this sense also it is found in "Mac Mhaighistir Alasdair's" "Marbhrann do Pheata Columain," signifying the flood, in allusion to the service done by the dove to Noah after his long imprisonment in the ark. MacCodrum, in his use of the word, gives the idea of the soft, dewy weather so desirable in May, and so productive of the fertility depicted in "Oran na h-Oige."

Fàsaidh gillean an iongantas mòr,
Le iomadaidh bòsd agus beairt ;
Iad gun stamhnadh gun mhunadh 'nan céill,
Cuid de 'n nàdur cho fiadhaich ri each,
'N dùil nach 'eil e 's nach robh e fo 'n ghréin,
Ni chuireas riu féin aig meud neart.

'N tusa 'n duine 'n robh iomadaidh bòsd,
C' uim nach d' amhairc thu fòil air gach taobh,
'N e bhi beairteach seach iomadaidh neach,
No bhi taitneach mu choinneamh nan sùl ?
'N tigh creadha so 'm bheil thu 'na d' thàmh,
Cheis chneadhaig ni cnàmh anns an ùir,
Ma 's droch dheaghad* a bh' agad 's an fheòil,
Thig fathast dhuit dòruinn 'g a' chionn. ·

Cia mar dh' éireas do 'n choluinn 'n robh 'm bosd,
'N uair a théid i 's a' bhòrd-chiste dhlùth ?
Cia mar dh' éireas do 'n teanga 'n robh cheilg,
No do 'n chridhe bha deilbh a mhi-rùn ;
No do uinneagan buairidh nam miann,
Dh' fhad bruaillein a' d' inntinn bho thùs ?
'S grannda 'n sloc anns an robh iad a' d' cheann,
'N déigh an stopadh le poll 'us le ùir.

---

* Ma 's droch dheaghad a bh' agad 's an fheòil.
The word *deaghad* is not uncommonly employed in North Uist in
this sense of living, or morals. It appears to be a corruption of
the English word *diet,* though seldom used in Gaelic in the original
sense of that word. Duine deaghadach—a well living man.

'N déigh a stopadh le poll 'us le ùir
Anns a' closaich gun diù is beag toirt,
'S am beagan a thug thu leat sìos,
Bheirear buileach e dhìot anns an t-sloc ;
Cia 'n aghaidh bu mhaisiche fiamh,
Cia do shùilean, cia t'fhiaclan, cia t'fhalt,
Cia na meòirean an glacaibh nan làmh,
Bha cur seachad gach spàirn a rug ort.

'N uair a dh' fhalbhas an Samhradh ciùin blàth,
Théid gach uamhar 's gach àrdan air chùl,
Bi cnuimhean 'g 'ur ithe 's 'g 'ur searg,
Ris an abair iad farmad 'us tnù ;
'N uair nach foghainn na dh' fhóghnadh de 'n bhiadh,
'S nach foghainn na lìonas a' bhrù,
Cha robh bheairteas aig Solamh 's aig Iob,
'Na thoilicheadh còmhlath do shùil.

Gur e 'n gaisgeach nach gealtach am bàs,
Leis an coingeis an saoibhir no 'm bochd,
'N uair a thilgeas e 'n gath nach téid iomrall,
Cho cuimhseach ri urchair a' mhòisg ;
Cha 'n amhairc e dh' inbhe no dh' uaisl',
Ach gach àrdan 's gach uamhar 'na thosd,
'S ni cinnteach 'shiol Adhamh o thùs',
Bàs nàdurr' 'us cùnntas 'na chois.

ORAN NA H-AOISE.

AIR FONN—" *The pearl of the Irish nation.*

CHA tog mise fonn cha 'n éirich e leam,
Tha m' aigne ro throm fo éislean,
Tha 'n chridh' tha 'n a m' chom mar chloich 's i 'na deann
'S i tuiteam le gleann 's cha 'n éirich ;
Tha 'n gaisgeach nach tlom ruinn 'cogadh 's a strìth,
Cha 'n fhaigh sinn a chaoidh bhi réidh ris,
O 'n is treis' e na sinn théid leis-san ar claoidh
'S cha teasairg aon ni fo 'n ghrein sinn.

'S cuis thùrsa gu dearbh, a' bhi 'g ionndainn 'na dh' fhalbh
Ar cruitheachd, ar dealbh 's ar n-eugasg,
Ar spionnadh 's ar neart ar cumadh 's ar dreach,
Ar cur ann an gleachd 'us streupa.
Mar a sgaoileas an ceò air aodann an fheòir,
'S a chaochaileas neòil 's na speuran,
Tha 'n aois a' teachd oirnn, cumhach, caointeach, lan bròin,
'S neo-shocrach ri leòn an té ud.

Aois chasadach gharbh cheann-trom chadalach bhalbh,
Ann an ion 's a' bhi marbh gun spéirid :
Cha ghluais thu ach mall agus cuaill ann a' d' laimh,
Dol mu 'n cuairt air gach allt 'us féithe :
Cha chuir thu gu bràth 's cha chubhaidh dhuit e,
Geall ruithe, no snàmh, no leuma.

Ach fiabhras 'us cràdh 'g a' d' iarraidh gu bàs
Ni 's liomhoir' na plàigh na h-Eiphit.

Aois chianail ro bhochd, ri caoidh 'n a' rug ort
Neo-bhrigheil gun toirt gun spéis thu ;
Do luchd comuinn 'us gaoil, fa chomhair an aoig
Gun chomas a h-aon diubh éirigh :
Dh' fhalbh t' earnais 's do chuid, dh' fhalbh slàinte do chuirp,
Thig ort faillingean tuigs' 'us reusoin ;
Thig di-chuimhn' thig bà'chd thig diomhanas dha
Thig mi-loinn do chàirdean féin ort.

Aois odhar gun bhrìgh 'g a' d' fhògar gu cìll ;
Dh' fhàgas bodhaig a' chinn ro éitidh :
Aois bhodhar nach cluinn gun toighe gun suim,
Gun char foghainteach strì no streupa :
Aois aiceideach thinn gun taice, gun chlì,
Gun ghaisge, gun spìd, gun spéirid,
Lan airtneul 'us cràidh gun aidmheil bhi slàn
Gun neach do 'm bheil càs dheth t' éiginn.

Aois ghreannach bhochd thruagh, 's miosa sealladh 'us tuar
Maol sgallach gun ghruaig gun deudaich :
Roc aodannach chruaidh, phreasach, chraicneach, lom, fhuar,
Chrùbach, chrotach, gun ghluasad ceuma ;
Aois lobhar nan spioc bheir na subhailcean dhinn,
Có 's an domhain le 'm binn do shéis-sa ?
Aois ghliogach gun chàil 's tu 's miosa na 'm bàs,
'S tu 's tric a rinn tràill dhe 'n treun-fhear.

Aois chiar dhubh a' bhròin, gun riomhachd gun spòrs,
Gun toil-inntinn ri ceòl do-éisdeachd ;
'Rob fheasagach ghlas, air dhroch sheasamh cas,
Leasg sheotail, neo-ghrad gu éirigh :
Cha 'n fhuiling thu 'm fuachd; 's olc an urr' thu 'n càs cruaidh,
'S e do mhuinghinn an tuath 's an déirce ;
Cha 'n 'eil neach ort an tòir nach e aidmheil am beòil
Gur fada leo beò gun fheum thu.

Aois uain' is olc dreach, orm is suarach do theachd,
Cha 'n 'eil tuairisgeul ceart fo 'n ghréin ort :
Gun mhire gun mhùirn gun spionnadh gun sùgh ;
Far an cruinnich luchd ciùil cha téid thu.
Aois chairtidh 's olc greann ; aois aiceideach mhall ;
Aois phrab-shuileach dhall gun léirsinn ;
Chas fheargach gun lùth, lan fharmad us tnù,
Ri fear meamnach beo, lùghmhor, gleusda.

Faire ! faire ! dhuin' òig cia do bharantas mòr ?
'Ne do bharail bhi beò 's nach eug thu ?
Tha 'n saoghal 's an fheòil fior aontach gu leòir
Air do chlaonadh o choir gu eucoir ;
Ge fad 's a tha 'n dàil, thig ort teachdair o 'n bhàs
Na creid idir gur fàisneachd bhréig e :
Biodh do gheard ort glé chruaidh, tha do nàmhaid mu 'n cuairt,
Cha tigh cràbhaidh an uaigh do 'n téid thu.

Ach fàrdach gun tuar, bhreun, dhaolagach, fhuar,
Anns an càraich iad suas leat-féin thu :

Co mor 's tha e d' bheachd ; dheth t' stòr cha téid leat,
Ach bòrdain bheag shnaighte', 's léine :
Ach 's e cùram is mò dol a dh' ionnsuidh a' mhòid
Thoirt cunntas an còir 's air eucoir ;
Far nach seasadh do nì, dhuit dad dheth t' chuid féich ;
'S mo an t-eagal bhi 'm priosan péine !

COMHRADH

EADAR CARAID AGUS NAMHAID AN UISGE BHEATHA.

CARAID.

Mo ghaol an colgairneach spracail,
Fear nan gorm-shùilean maiseach,
Chuireadh foirm fo na macaibh,
   'N uair a thachradh iad ris.
'N uair a chruinnicheadh do chòisir,
Cha b' i chuilm gun a còmhradh ;
Gheibhte' rainn agus òrain,
   'S iomadh stòiri 'nam measg :
Gille beadarrach sùgach,
Tha na chleasaiche lùghor ;
'S ro mhaith 'bhreabadh an t-ùrlar,
   Agus 'thionndadh gu briosg.

'S e dhannsadh gu h-uallach,
Aotrom, abhcaideach, guanach,
Gun sealltuinn air truaill'eachd,
　Ach uaisl' agus meas.

NAMHAID.

'S mairg a dheanadh an t-òran,
'S nach deanadh air chòir e ;
Gun bhi moladh an dò-fhir,
　Bha na rògaire tric.
Fear a sheargadh an conach,*
Thionndadh mionach nan sporan
Dh' fhagadh leanaban an aimbeairt,
　Ann an carraid 's an drip.
An struidhear diomhain,
Tha gu brosgulach breugach ;
Fear crosda mi-chiallach,
　Gun riaghailt gun mheas.
Call mor air bheag buinig
Ann a' sòlas ro dhiombuan ;
'S e fear stòrais is urrainn
　A bhi 'n cumantas ris.

CARAID.

Mhic-an-Toisich Mhic-bracha,
Fhir còmhraig nan gaisgeach,

---

* Excessive riches, suggesting the miser's mad lust for gold—
ignava fames auri.

A chuireadh bòilich 's na claigneann,
  'S a chuireadh casan air chrith.
Bu tu cleòca na h-aiteimh,
'N aghaidh reòtachd 'us sneachda,
Dheanadh *notion* de fhrasaibh ;
  'S a chuireadh seachad an cuith'.
Dheanadh dàna fear saidealt' ;
Dheanadh lag am fear neart'or ;
Dheanadh daibhir fear beairteach,
  Dh' aindeoin pailteas a chruidh ;
An ceart aghaidh na th' aca,
De mhùirn, no mheadhail, no mhacnus,
'S tu raghainn is taitneich',
  De chuis mhacnuis air bith.

NAMHAID.

A dhuin' an cual' thu no 'm fac 'thu
Riamh ni 's miosa chuis mhacnuis,
Na bhi 'n a' d' shineadh 's na claisean
  Gun chlaisteachd gun ruith ?
Air do mhùchadh le daoraich ;
'G a' do ghiùlain le daoine ;
'N a' d' chuis-bhuird aig an t-saoghal,
  Far nach faodar a chleith
'S e bhi 'coinneachadh *Rati*,*
Ni do lomadh a' d' bheartas.

---

* Rati, a famous distiller, of whom more than one of the bards
make mention.

Luchd a' chomuinn 's a' chaidrimh,
  Ni e 'n creachadh gun fhios
'S e ciall-sgur a bhios aca,
'Bhi ri buillean 's ri cnapadh ;
Gu 'm bi fuil air an claignean,
  'S bi am batachan brist'

CARAID.

Mo ghaol an lasgaire suairce,
  'Chleachd 'bhi 'n caidreamh nan uaislean ;
'S iomadh tlachd 'us deagh bhuaidh
  A ta fuaighte ri d' chrios.
Biorach, gorm-shuileach, meallach,
Beachdail, colgarra, fallain,
Làidir caoin air dheagh tharruing,
  Gu fogradh gaillionn a' chuirp.
Far an cruinnich do phàistean,
Gu 'm bi mir' agus mànran,
Agus iomadh ceòl gàire ;
  'S iad neo-chràiteach mu 'n cuid.
Bheir e 'n t-ùmaidh gu sòlas
Ni e sunndach fear brònach ;
Ni e glic am fear gòrach,
  'S ni e gòrach fear glic.

NAMHAID.

'M b' e sin raghainn nam macaibh,
'Bhi gun fhradharc, gun chlaisteachd ?

'N uair bu mhiann leo dol dachaigh,
   'S e ni thachras a's mios'.
Gur e 'n ceann is treas cas doibh,
Lom-lan mheall, agus chnapan ;
Gach aon bhall 'g am bi aca,
   Goid a neart uath gun fhios.
Iad 'nan tamhaisg gun toinisg ;
Iad a' labhairt an donais ;
Iad ro lamhach gu conus,
   'Us nach urr' iad cur leis :
Bi' an aod'nan 'g an sgròbadh,
Bi' an aodach 'g a shròiceadh ;
Cha 'n fhaod iad bhi stòlda,
   'S iad an còmhnuidh air mhisg.

CARAID.

Nach bòidheach an spòrs,
A' bhi suidhe mu bhòrdaibh,
Le cuideachda chòir,
   A bhios an tòir air an dibh !
Bi'dh mo bhotal air sgòrnan,
A' toirt cop air mo stòpan ;
Noch toirteil an ceòl leam,
   An crònan 's an gliog ?
Gu 'm bi fear air an daoraich ;
Gu 'm bi fear dhiubh ri baoireadh ;
Gu 'm bi fear dhiubh ri caoineadh ;
   Nach beag a shaoileadh tu sud ?

Ni e fosgailt' fear dionach ;
Ni e crosda fear ciallach ;
Ni e tosdach fear briathrach,
　　Ach am *blialum* nach tuig.

NAMHAID.

Nach dona mar spòrs,
A' bhi suidhe mu bhòrdaibh :
'S a' bhi milleadh mo stòrais,
　　Le gòraich gun mheas ;
Le siaraich 's le stàplaich ;
Le briathraibh mi ghnàthaicht' ;
Ri speuradh 's ri sàradh,
　　An Abharsair dhuibh.
Bi'dh an donus 's an dòlas,
De chonus, 's de chòmhstri ;
'S de tharruing air dòrnaibh,
　　Anns a' chòmhail nach glic ;
Ri fuathas 's ri sgainneal ;
Ri gruaidhean 'g an prannadh
Le gruagan 'g an tarruing,
　　Le barrachd de 'n mhisg.

CARAID.

Mo ghaol an gille glan éibhinn,
Dh' fhàs gu cineadail spéiseil ;
Dh' fhàs gu spioradail treubhach,
　　'N uair a dh' éireadh an drip.

Bhiodh do ghillean ri sòlas,
Iad gu mireagach bòidheach,
Iad a' sireadh ni 's leòir,
   'S iad ag òl mar a thig.
Iad gu h-aighearrach fonnmhor,
Iad gun athadh, gun lompas ;
Iad ro mhaith air an rongais,
   'N uair a b' anntlachd an cluich.
Cuid d' am fasan air uairibh,
Dùirn 'us bat' agus gruagadh,
Dh' aithnichte 'dhreach air an spuaicean,
   Gu 'n robh bruaidhlean 's a' mhisg.

NAMHAID.

Bha mhisg deamhnaidh 'na nàdur,
Lom-lan mòrchuis us àrdain ;
Lom-lan bòsd agus spàraig,
   Anns gach càs air an tig.
Tha i uamharra, fiadhaich,
Tha i murtaidh na h-iarbhail ;
Tha i dustach, droch-neulach
   Làn de fhiabhrus 's de fhriodh.
Gu 'm bi fear dhiubh 'na shìneadh
Gu 'm bi fear 'na chùis mhì-loinn
Gu 'm bi aithlise lionmhor ;
   'S iad a' maoidheadh a' phluic.
Tha i tuaireapach foilleil ;
Iomadh uair air dhroch oilean ;

'S gu 'n do fhuasgladh fa dheireadh,
Ach 's i bu choireach a' mhisg.

CARAID.

Mo ghaol an cleasaiche lùthmhor,
Fear gun cheasad gun chùmhnadh ;
Fear gun cheiltinn air cùineadh,
    'N am bhi dlùthachadh ris;
Bheireadh tlachd as a mhùigean ;
Dheanadh gealtair de 'n diùdhlach ;
Dheanadh dàn' am fear diùid
    Chum a chùis a dhol leis.
Fear a's feàrr an taigh-òsd thu ;
Fear a's ùr-fhailtich òrain ;
Fear nach fuilingear 'na ònar,
    Ach am bòilich 's an 'driop :
Fear tha mànranach ceòlmhor ;
Cridheil càirdeach le pògan ;
'S a làmh dheas air a phòca,
    Sgapadh stòrais le misg.

NAMHAID.

A chinn aobhar a' chonais,
'S tric a dh' fhaobhaich* na sporain ;
Fhir nach d' fhoghlum an onair,
    B' e bhi 'g a' d' mholadh a' bhleid ;

---

* *Dh' faobhaich ;* Spoiled. Stealing the milk out of the udder of a
cow is called *Faobh-bhleoghainn.*

'Nis o'n 's buanna ro dhaor thu,
Tha ri buaireadh nan daoine,
Dol mu 'n cuairt air an t-saoghal,
   Chum 'na dh' fhaodas tu ghoid.
Fear ri aithricheas mòr thu ;
Fear ri carraid, 's ri còmhstri ;
Fear ri geallam 's cha tòram ;
   Thug sud leònadh do d' mheas.
Ni thu 'm pòitear 'na striopaich,
'S ni thu striopach na phòitear ;
'S iomadh mìle droch còdhail,
   A tha 'n tòir air a' mhisg.

CARAID.

Ge b' e thionnsgainn, no dh' ìnndrig,
Air an iunnstramaid rioghail
'S duine grunndail 'na inntinn,
   Bha gu h-innleachdach glic.
Thug bho aobhar gu sìol e ;
Thug bho bhraich gu ni 's brìgheil' ;
Thug a prais 'na cheo liath e,
   Mach troimh chliath nan lub tric.
Thug a buideal gu stòp e,
Rinn e 'n t-susbainte còmhlath,
Thogadh sligeachan reòta
   Far, fir bhreòite gun sgrid.
An donus coinneamh no còdhail
No eireachdas mòr-shluaigh,

Gun do cheilearachd bhòidheach,
Cha bhi sòlas 'na measg.

NAMHAID.

Ge b' e thionnsgainn an aimhlisg,
'S olc an grunnd bha 'na eanchainn,
'S mòr a dhùisg e de dh-argamaid,
    'S de dhroch sheanchas ma'ris.
Dheilbh e misg agus daorach,
Rinn e breisleach 's an t-saoghal ;
B' fheàrr nach beirte' gu aois e
    Ach bàs na naoidheachan beag.
Dhùisg e trioblaid 'us còmhstri,
Rùisg e biodaig an dòrnaibh,
Chuir e *peabar 's an deamhnachd
    Nuair a thòisich a' mhisg.
Cha chùis buinig ri leanmhuinn,
Ach cùis guil agus falmachd
'S a chaoidh cha 'n urr' thu 'g a sheanchas,
    Cia mar dh' fhalbh do chuid leis.

---

* Intensified devilry, *i.e.* peppered it !

F

ELEGIES.

MARBHRANN DO ALASDAIR MACDHOMHNUILL.

Ach ge fada mi m' dhùsgadh,
Gur a pailte le m' dhùsal no m' thàmh,
Gu bheil sac air mo ghiùlan,
Agus aiceid 'ga' m' chiùradh le cràdh ;
'S beag de shòlas na dùthcha,
Tha dhe m' chòmhradh ri dhùsgadh an tràths',
'Na 'bheil a dhìth air a chùnntais,
Dh' fhàg e sgìth sinn 'ga dhùsgadh gach là.

Gur e fuaradh na Bealltuinn
Dh' fhàg am bruaillean 'nar ceann gun bhi slàn,
Sinn a' còpadh gu frasach
Air na dh' òl na fir ghasda dhe 'n t-sàl ;
Ar sàr chònnspuinn Gilleasbuig,
Agus Eòin a chùil chleachdaich mo ghràdh !
Dh' fhàg iad tàirnean 'n ar cridhe
Chaoidh cha slànuich aon lighich ach bàs.

Fhuair sinn fuaradh 'n a dhéigh,
'S tric an ruaig ud 'g ar taghal a ghnàth,

Dh' fhàg fiamh gul air ar rosgaibh
Sinn uile ri acain 's nach nàr ;
Ar sàr spailp a dhuin' uasal,
Bu deacair fhaotainn mu 'n cuairt oirnn ni b' fheàrr,
Duine macanta, suairce,
Duine tapaidh gun tuaireapachd làmh.

Duine measarra, cliùiteach,
Bha gu h-aoidheil 'na ghiùlain 's na ghnàths',
Beul na firinn 's an t-sùgraidh,
'S mór an dith air dùthaich do bhàs ;
'S mór a' bhearn 'n ar daoin' uaisle,
·Chaidh am mànran 's an uair sin mu làr,
Dh' fhalbh ar tacsa 's ar réite,
·Cùis is goirte do shèathar bhi fàs.

Duine sgiamhach ri amharc,
Tha sud cianail 's tu d' luidhe fo 'n fhàd,
Bu cheann uidhe ro cheud thu,
'N uair bu mhithich dhoibh triall air an t-sràid ;
Gheibhte slàinteachan dùmhail,
Agus traghadh air bùlachan làn,
Urlar farsuing, lom, sguabta,
Far 'm bu tartarach fuaim bhrògan àrd.

Dol a dh' innse do phearsa,
Cha bu bhrìdeach ri t' fhaicinn air blar,
·Cha d' fhuaireadh riamh ort cron cumaidh,
·Ged a dh' iarrt' thu bho d' mhullach gu d' shàil ;

Duine smearail, deas, treubhach,
Bu sgafanta ceum air an t-sràid,
Bu cheann feadhna mòr, beachdail,
Làidir teom thu neo-thais ann a' spàirn.

Tha mi sgìth dhe na ròidean,
Cheart cho direach, 's cho còmhnard, 's tha 'n tràigh,
'S ann a dhìreas mi mhòinteach,
Bho nach cuimhneachan sòlais do chàrn ;
Ann a' làrach na coise,
Far nach d' fhuair thu cur socair air làr,
Luidh an t-Eug ort a thiota,
Aig an aon Dia tha fios mar a bha !

Rìgh ! gur h-oil leam do chéile
'N am luidh' agus éirigh 'us tàmh,
I gun sunnd air gàir' éibhinn,
'S tu gun dùsgadh 's a' léine chaoil bhàın ;
'S lag a guallainn fo 'n eallaich,
Agus luasgan fo h-anail le cràdh,
Chionn a fàgail 'n a h-onar,
Agus fad a' cur feòir ort 's a' chàrn.

Rug an dìl oirnn am bliadhna,
'S goirt an sgrìob a thug fiaclan an t-sàibh,
Mar tha fuaradh na bochdainn,
'S ann tha thuar air a' chnoc a' bhi fàs :
Mallachd buan air an dosgaidh,
Thug i uainn na cinn stoca cho tràth,

Mar a bhuaileadh a' chrois oirnn,
'S ann a fhuaireadh do chorp anns a' bhàgh.

Bu tu beannachd na tuatha,
'S tu nach teannadh iad cruaidh mu 'n a mhàl,
Ceann diadhaidh nan truaghan,
'N uair a dh' iarradh iad fuasgladh 'nan càs ;
Fhir a b' aon-fhillte cridhe,
'S tu gun chlaonadh gu sligheachan ceàrr,
'S tu nach buaineadh a bhuinig,
Air a' chluain sin nach cuireadh am bàrr.

Cha robh ar dìobhail gun ghainne,
'San Di-ciadain mu dheireadh de 'n Mhàrt,
Ann an iochdar na sgeire,
Bha ar mì-stath ro shoilleir le càch ;
Ann an uachdar a' chladaich,
Far nach d' fhuair thu tigh'nn dhachaigh gu blàths',
Cas bu luaith air an astar,
Agus guallainn 'n robh neart air an t-snàmh.

Gu 'm b' e imrich an fhuathais
Anns a' mhaduinn 'n uair ghluaiseadh Di-màirt,
Gu 'n robh frasan air gruaidhean,
Agus basan 'g am bualadh le cràdh ;
Gu 'n robh gruagan 'g an cìreadh,
Daoine truagha 'g an spìonadh gu làr,
Mar nach guidheadh neach riamh leat,
'S ann a dh' uidheamaich Dia dhuit am bàs.

MARBHRANN DO UISDEAN A' BHAILE-SHEAR,
AN UIDHIST A' CHINN-A-TUATH.

Gur geur an gath gath an Aoig
'N ar taobh a dh' fholaich a' ghuin,
'N uair dh' fhuadaich e uainn na suinn,
'Sgeul is cruaidh r' a innse 'n diugh.

'N uair thugadh ar ceann priseil uainn
Gur mi-fhortan cruaidh a th' ann ;
Càch a bhi tearnadh cho cas
'S a thearnadh a' chlach leis a' ghleann.

Am fior ghaisgeach air dol fo lic
Mu 'm b' iargaineach iomadh neach ;
Sàr churaidh a chaisgeadh tòir,
'S nach cumadh "ob òb" air ais.

Duine sgairteal tapaidh teòma ;
Duine saoibhir anns gach beairt,
Labhradh an fhirinn le grunnd,
'S cha b' e teanga leam 'us leat.

Gur mise chunnaic an uair,
Gu 'm b' urramach do shnuadh 's do dhreach ;

Fear fearail bu fhlathail gnùis,
Amharc nan sùl nach robh tais.

Duine fearail a dh' fhàs cruaidh ;
Duine 'n robh cruadal 'us smachd ;
Duine 'n robh iochd agus truas,
Gu fuasgladh air fear 'na airc.

Duine 'n robh smior agus sgoinn ;
Duine nach robh foill na bheachd,
Nach buaileadh a bhuille chùil,
'S nach gleidheadh mì-rùn do neach.

Craobh a ruisgeadh air gach taobh sinn ;
Craobh nach do ghiùlain a meas ;
Cha 'n fhan ar luchd aoise beò,
'S cha tig ar daoin' òga ris.

Seallamaid a nis ri Dia ;
'S cinnteach a' chrìoch dhuinn am bàs :
Ruitheamaid ar cùrsa réidh,
'S iarramaid Mac Dhé mar gheàrd.

MARBHRANN

DO

SHIR SEUMAS MACDHOMNUILL, SHLEIBHTE,

A DH' EUG 'S AN ROIMH.

Moch 's a' mhaduinn 's mi 'g éirigh,
Cha 'n e 'n cadal tha streup rium,
'S fliuch mo leapa gun sèasdar gun sàmhchair.

Cha 'n 'eil agam 'na' dhéigh sin
'N déis mo thaic-sa 'g a' m' thréigsinn,
Ach maille claisteachd 'us léirsinn 'us tàbhachd.

'S trom a chuing-s' air ar muineal,
Air ar lionadh le mulad ;
Tha sinn sgìth 's cha 'n ann ullamh a ta sinn.

Sinn ri iargainn nan curaidh
Nach robh 'n iasad ach diombuan,
Gun fhear liath a bhi uil' air an làraich.

Daoine mòrchuiseach measail,
Daoine còrr ann an iochd iad,
Daoine cròdha gu bristeadh air nàmhaid.

Ann an ùine da fhichead
Gur dìobhail ar bristeadh,
Chuir e dùbailt a nis oirnn e làthair !

Chaill sinn còignear no seisear
De na connspuinn bu treise,
Nach robh bèo ann am Breatunn an àicheadh.

Ann an uaisle 's an urram,
Anns gach deagh bhuaidh bh' air duine,
Ann an cruadal gu buinig buaidh-làraich.

'S bochd an ruaigs' oirnn an còmhnuidh,
Dh' fhag ar guaillean 'nan ònar,
A' bhi sguapadh ar n-òigridh gun dàil uainn.

Thàinig meaghar gu bròn duinn,
Thàinig aighear gu dòrainn,
Chaill sinn amharc 'us sòlas ar sgàthain.

Bàs ar n-uachdarain phrìseil,
Sgeul a's cruaidhe r' a chluinntinn ;
Fhuair luchd fuath agus mì-run an àilghios.

Gur e 'm fuaradh-sa 'n uiridh
Chuir ar gluasad 'an truimead ;
So an ruaig tha 'g ar n-iomain gu ànradh.

Bhi fo chumhachd an sgeòil ud
Gach aon latha ri 'r beò-shlàint',
Air bheag aighear, no sòlais, no slàinte.

Fhuair sinn naidheachd ar lethtrom,
Fhuair sinn naidheachd na creiche,
Sin an naidheachd thug leagadh do 'r n-àrdan.

'S trom an galair 's is diùbhail,
Moran uallaich ri 'ghiùlan,
Rinn ar n-anail a mhùchadh 's ar dàna.

Nis o 'n 's dìlleachdan bochd mi,
Oighre dìreach air Oisein,
A bha 'g innse' chruaidh fhortain do Phàdruig.

Mi 'g innse' cruas m' fhortain,
Mar a dh' inntrig e 'n toiseach,
Cha 'n 'eil brìgh dhomh no toirt bhi 'g a àireamh.

Ach an sgrìob 'thug a' chreach oirnn
Dh' fhàg a chaoidh sinn 'g a h-acain,
So an dìle chuir brat air 'na' thàinig.

Dh' fhalbh ar ceannard òg maiseach,
Bha gun àrdan gun ghaiseadh ;
Muir a thàinig gu grad a thug bàrc oirnn.

Chuir ar leaba 's an droigheann,
'S gun ar cadal air faighinn,
Ar suilean frasach o 'n naidheachd a thàinig.

O nach dùil ri Sir Seumas,
'S beag ar rùn an gàir éibhinn,
Bi sinn tùrsach 'na dheigh gus a bàs duinn.

Chaill sinn duileach ar géige,
Gràinne mullaich ar déise,
So an turus chuir éis air ar n-àrmuinn.

'S éiginn fuireach ri slochainnt,
O nach urrainn air strì sinn,
Ach 'bhi fulang gu 'n strìochd sinn do 'r nàmhaid.

Ma thig oirnn fòirneart no bagradh,
Sinn gun dòigh air am bacadh,
Tha sinn leòinte 'nar pearsa 's 'nar càileachd.

O 'n la thàinig am bristeadh,
A thug tearnadh 'nar meas duinn,
Ar Ceann-tànach 's ar misneachd 'g ar fàgail.

Dh' fhàg e sinne bochd tùrsach,
Ann an ionad ar ciùrraidh ;
Gun e philleadh d' a dhùthchannaibh sàbhailt.

Thu e sgriob air ar n-uaislean ;
Chaoidh cha dìrich an tuath e ;
Tha sinn mì-gheanach truagh air bheag stàtha.

Sinn mar chaoirich gun bhuachaill,
'N déis an t-aodhair thoirt uatha,
Air ar sgaoileadh le ruaig 'Ille Mhàrtuinn.

Ar toil-inntinn 's ar sòlas,
Craobh a dhìdeann ar còrach,
Ann an cathair na Ròimh air a chàradh.

Thu bhi 'n cathair na Ròimhe,
'S goirt ri innse na sgeòil sin,
Dhé! cha dìrich Clann-Dòmhnuill ni 's àirde.

O 'n là sgathadh ar n-ògan,
A chraobh bu fhlathaile còmhdach,
Gun a h-abhall air dòigh dhuinn a thàrail.

Mor an sgeul 's an Roinn Eòrp' e,
Mor am beud do righ Deòrsa,
Mor an éis air do sheòrsa gu bràth e.

Cha do dhùineadh an còta,
'S cha do ghiùlain na brògan,
Neach a chunntadh còmhlath do phàirtean.

Ann an gliocas 's an eòlas,
Ann an tuigse 's am mòrchuis,
'Us na gibhteana mòr a bha fàs riut.

Tha sinn deurach bochd tùrsach,
Gun ghàir éibhinn gun dùil ris,
Mar an Fhéinn agus Fionn air am fàgail.

Sinn gun Oscar gun Diarmad,
Gun Gholl osgarra fialaidh,
Gach craobh thoisich air triall uainn gu Pàrras.

Cinn nam buidheana calma,
Leis an d' ùmhlaicheadh Alba,
'S iomadh ùghdar thug seanchas mar bhà sin.

'S bochd a chriochnaich ar n-aimsir,
Mar Mhaol-ciaran gun Fhearchar,
Sinn ag iargain na dh' fhalbh uainn 's nach d' thàinig.

'S e ni 's cosmhuil ri sheanchas,
Lion sinn copan na h-aing'eachd,
Gus 'n do bhrosnaich sinn fearg an Tì 's àirde.

'S e 'n Tì prìseil thug uainn e,
Chum na rìgheachd is buaine ;
O Chriosda, cum suas duinn na bràithrean.

ARCHIBALD MACDONALD,

OR

GILLE NA CIOTAIG.

ANOTHER distinguished Hebridean singer was Archibald
Macdonald, known to his countrymen as "Gille na
Ciotaig." He was born at Paible, in North Uist, where
MacCodrum composed the "Smeorach," probably about the
middle of the 18th century. He received all the education
he ever got in the parochial school of that parish, the only
school there at the time. When the gifted and amiable Sir
James Macdonald was, with a number of Uist and Skye
gentlemen, deer-stalking in the hills there, they came upon
a sheiling or *àiridh*, where the parents of the bard were
residing for a few weeks, with their cattle and sheep, as was
the custom in these good old times; and, the goodwife
having shown her hospitality by offering them a drink of the
milk of her heather-fed cows, which all Highlanders know
to have a peculiar sweetness of its own—"bainne air àiridh"
—Sir James, who added to his other extensive and wonder-
ful accomplishments a good knowledge of the mountain

tongue, entered into conversation with her, asking her about the welfare of her family, and so forth. She told him, among other things, that her two boys were at the west side in school, and that one of them had been born with a defective arm, short and with only rudimentary fingers. Sir James asked his name, and when told that he was baptized by the name of "Gilleasbuig," he answered, "It was a pity that they did not call him Coll, so that there would be another 'Colla Ciotach' in the Macdonald clan." Before leaving, Sir James gave her money to aid in the prosecution of her sons' education. Luckily the sound arm was the right one, so that he was able to use it in various ways; and, being an expert writer, he was employed by Alex. Macdonald, the "bàillidh breac"—a son of "Alastair Mac Dhomhnuill," to whom MacCodrum composed the elegy —as clerk, whilst he held the factorship of the Clanranald estate of South Uist. Mention having been made of Sir James Macdonald, it may be added that during that shooting excursion the gun of Macleod of Tallisker went off accidentally, and the shot lodged in Sir James' leg, and that it was with difficulty the crofters of North Uist were kept from laying violent hands on the offender. It was said his fine frame never recovered the shock from the accident. It was then that his kinsman, Macdonald of Vallay, composed the well-known *piobaireachd* "Cumha na Coise." "Gilleasbuig na Ciotaig," like all true bards, had an ambition to immortalize himself, by having his bardic effusions perpetuated in a book; and, with this purpose, he started for Inverness, the town with which the Western Isles had most frequent

communication and easy access in those days, He only
reached as far as Fort-Augustus, where he died and was
buried; and, if the spot could be identified, which is very
unlikely, it would be well on the part of his countrymen to
erect a monument to the memory of one who has justly been
called the finest and cleverest of all the Gaelic comic bards.
It is said that while at Fort-Augustus he met with Alexander
Stewart, who had been parochial schoolmaster of North Uist
—the author of "A Mhàiri bhòidheach, 's a Mhàiri ghaolach"
—and that his manuscripts, having fallen into Stewart's hands
after MacDonald's death, formed the foundation of that
excellent volume of Gaelic poems, called "Stewart's Collec-
tion." MacDonald is essentially the bard of humour and
satire, and his only serious production, his eulogy of Lochiel,
is much inferior to his livelier poems. One of his most
amusing songs is his lampoon on the "Doctair Leòdach,"
published in Mackenzie's collection. This "Doctair Leod-
ach" was a favourite mark with Macdonald at which to aim
his shafts of ridicule. Macleod was born in St. Kilda, and
seems to have returned there on a visit once at least in the
course of his life. Hence Macdonald nicknamed him the
"Giobain Hirteach" in a sprightly effusion, of which I have
picked up the following. The hero seems to have been a
great fop, who went about arrayed in full Highland dress:—

> Gu seinn mi 'n Giobain Hirteach dhuit
> 'S e nis a tigh'n do 'n dùthaich,
> Cha dean mi di-chuimhn' idir air,
> 'S ann bheir mi tiotal ùr dha ;

Ma dh' fhalbh e uainn gu briogaiseach,
Gu 'n d' thàinig e gu biodagach,
'S cha 'n fhaigh e 'n àite bhrioscaidean,
Ach iseanan an t-sùlair.

'N uair chunnaic iad an Lunnain thu,
Bha h-uile fear a feòrach,
Co as thàinig an lunnaiche,
'S am buimealair 's an t-òlach,
Ma 's maraich e gur culach e,
'S gur leathunn tiugh a *phullet* e,
'S tha *watch* urrad ri *turnip*
Aig a' lunnaiche 'n a phòcaid.

An ghille bh' aig na doctairean,
Gur iomadh poit a sgùr e,
Gu 'm b' olc gu *reefadh topsail*,
'N uair bu chaise thigeadh cùis e ;
'N uair chunnaic an long Spàinteach e,
Gu 'm b' àrd a chluinnte ràinich e,
Cha saighdear am fear spàirtealach,
Cha seas e *guard* no *duty*.

Another poem by Macdonald is in the form of a *sgiobair-eachd*, in which a most amusing description is given of a tempestuous voyage in an ill-found craft, from Lochmaddy, the principal harbour in North Uist, to some other port of the Western Isles. It is printed here along with his other poems. Many of his satires and lampoons, of which there must have been a goodly number, have been lost, but one hears snatches of them now and then in his native Uist. For example, it is still remembered how his horse was pin-folded for straying on to the farm of an ill-tempered old

G

gentleman at Bernisdale, in Skye. A poet's license, in Skye, did not extend to the appropriation of grazing by a poet's horse—at anyrate, in those days. But "Gille na Ciotaig" lampooned the inhospitable farmer, and thus had his revenge. He gave him the horrible description of being the ugliest man in the sheriffdom, and predicted that there were terrible things in store for him.

> Bodach Bhearnasdail a Uinnis ;
> Duine 's grainnde tha 's an t-Siorrachd ;
> Bodach Bhearnasdail a Uinnis
> Ceann Cinnidh gach déistinn.
> Amhuich fhada corra gridhich,
> Nì thu fhathast cainb a ruidheadh :
> Amhuich fhada corra gridhich,
> Ni na fithich feusd ort !

His satire on the Abigail at Dunvegan Inn was very good, though characterized by breadth of expression. She turned him out of his bed, saying that the Uist packet, by which he was to leave, had arrived, and gave the bard's room to a belated friend of her own. It was a false alarm and she regretted it when he launched forth to the air of Ben Dorain :—

> Cha do chuir mi ùigh 's an te sgeòdalaich
> Ged chuireadh i gùntanan sròil orra
> Rannsaichidh mi thu bho d' aghaidh gu d' chùl
> O d' mhullach gu ùrlar do bhrògan.

A favourite butt with "Gille na Ciotaig" was a South Uist man whose name was patronimically "Aonghas Mac Callum," and who went under the nickname of the *famhair*,

meaning literally, the giant, but conveying also the significa-
tion of a certain intellectual obtuseness—body without mind.
The *famhair* was an old soldier who appears to have seen
service in the Duke of Cumberland's army, but apparently
the bard had no high opinion of his courage or patriotism.
He probably won MacDonald's antipathy from his having
been in the Government army—that being, of course, the
unpopular cause in the Highlands in those days—and "Gille
na Ciotaig," like all other Highland bards, being a Jacobite
at heart. He composed two lampoons to this veteran, and
one of them is printed here. It contains some very peculiar,
perhaps unintelligible words. The other satire on the *famhair*
was composed in consequence of that worthy, appearing
uninvited, at certain wedding festivities. It is well known
in the Western Isles that the penalty consequent on such a
breach of good manners was somewhat serious to the offender.
When the *famhair's* presence was observed :—

> "Thuirt Nic Rob ris na gillean
> Bithibh Innich 's an am ;
> Thainig bodach 'n ar ceann
> Nach buin dùinn O !
> Ma 'se famhair a' ghlinn' e
> Cuiribh filleag gu teann air ;
> Cha 'n fhuiling sinn anntlachd
> Ni 's mò O !"

The *famhair* is then disposed of according to use and wont,
and the poet puts in his mouth the following complaint, as
well as a resolution to hide himself from human vision.

> "Cha taghail mi baile,
> Cha taghail mi buaile

'S ann theid mi do 'n uaimh'
Am bi smùid O !
Cha taobh mi ri duine
Leis gach diombrigh a fhuair mi,
'S ann rinn iad gu truagh dhiom,
Ball-bùrsd O !

'S e tota Mhic Ascuill
'Us cleasachd a' cheàird
A chuir saighead mo bhàis
Air mo ghiùlan
Bho 'n thachair an tuiteamas
Tubaisteach dhòmhsa,
Mo chur ann am ònar
Am pùnnd O !"

Then a friend and kinsman who was present expresses
himself sympathetically thus :—

" Thuirt M'Cellaig 's e 'g osnaich
'S leam is bochd mar a tha thu,
'S tu chinneadh mo mhàthar
O thùs O !
Gun bhotal gun ghloine,
Gun aran gun chàise,
Gun fhuran, gun fhàilte,
Gun diù O !"

Then the *famhair* is supposed to conclude his plaint in the
following two verses :—

" Bha mi uair dhe mo shaoghal
'S cha b' e 'm baoghal tigh'nn ceàrr orm,
'N uair dh' éirich mi 'm fàbhar
A' Phrionns' O !

Gu foghainnteach sgairteal,
Lan tapachd 'us cruadail;
A Mhuire! bu ghnuadha
Mo shùil O!

Thuirt Aonghas Mac Calum
Bheir mi ceannach gu 'r miann duibh,
Ma cheileas sibh diamhair
A' chùis O!
Cha téid mi ri m' mhaireann
Gu banais gun iarraidh,
Gun cuirear mi sios
Anns an ùir O!"

"Gille na Ciotaig's" humour is generally, though not always, at its best. An exception is "Oran an fhamhair" which abounds in scurrilous vituperation rather than in those sportive sallies which characterize the happiest of his efforts. "Marbhrann do Iain Ruadh Piobair," and its companion song the "Aiseirigh" are masterpieces of wit. The measured movement; the dignity of expression; the mournful sentiment of the "Marbhrann," with an under current of fun running through, arising from the consciousness that the rumour of the piper's death was untrue; all this, followed by the brisk measure and lively strains of the "Aiseirigh" are extremely clever and amusing. It is said that *Iain Ruadh*, the hero of both poems, was well pleased with the joke, and paid the bard a sum of money for them.

ORAN DO LOCHIALL.

Air fonn.—Tweedside.

O THAINIG mi dhùthaich Lochiall,
Cha robh iad rium spiocach, no bochd.
Fhuair mi uil' iad 'nan comunn gun ghiomh,
Làn fial'achd, gun chrìne, gun sprochd,
Muinntir ghasda dha 'n dùthchas deagh ainm,
Buidheann shealbhach fudh 'n airm air gach cnoc,
Bha sud ann an dùthchas duibh riamh,
'S mòr cliùiteach am blïadhn' ar ceann stoc.

'Dhòmhnuill òig, o na fhuair thu do chòir,
Lean am biùthas bu nòs, 'us cha 'n olc,
Bi gu furanach, farasda, fòil,
Ris na daoine nach deònaich do lochd,
Ni éirigh gu d' chuideachadh suas,
'Nam faiceadh iad tuasaid teachd ort,
Rachadh ullamh gu rusgadh nan lann,
'S iad 'chaisgeadh an nàmhaid le toirt.

'S tu 'n gasan, tha eireachdail àrd,
'S tu macant' gun àrdan, gun mhoit,
'S tu 'n curaidh gun ghaise, gun fhiamh,
'S tu 'n gallan dh' fhàs sgiamhach le toirt,

Gu deas dìreach o d' mhullach gu d' bhonn,
'S deagh spiorad neo throm ann a' d' chorp,
Aghaidh shoilleir tha seirc ann do ghnùis,
Sùil smiorail an diunlaoich fo d' roisg.

Aghaidh shuilbhear a's taitniche snuadh,
Aghaidh fhlathail, neo-ghruamach nach tais,
Aghaidh smachdail am bheil buirb', agus cruas,
Mu nithear do ghluasad gu brais ;
Tha thu sìobhalt', lan iochd, agus truais,
Tha thu measail air sluagh anns gach staid,
Sàr cheannard nan gaisgeach bheir buaidh,
Thog thu suas iad gu cruadal gle mhoch.

Sàr cheannard 's ann duit-sa bu dual,
Bhi gu fuasgailteach, cruadalach, glic,
Fhir a ghineadh, 'sa bhuaineadh o'n dream,
Fhuair urram 's na streupan gu tric,
Buidheann fhuilteach nach géilleadh san strì,
Buidheann chunnbhalach, innleachdach, chlis,
Buidheann aigeantach, lùthmhor gun fhoill,
Buidheann uabh'rach le sgoinn a ghléidh meas.

Cha 'n e fochan an fhòlaich an sonn,
Ach an t' abhall dh' fhàs trom anns an lios,
Dh' aindeoin doinionnan faoillich, na màirt,
Cha chrion i, cha searg, 'us cha bhris ;
'S ann a bhitheas i fo dhuilleach a ghnàth,
'S i cinntinn gu h-àrd le mòr theas,

Fo a sgàile bithidh fasga, 'us blàs,
Aig gach géig, bhitheas ag àrach deagh mheas.

Cha chraobh mhosgain, no chrionaich a th'ann,
Ach an cuileann 's gach am a bhitheas gorm,
Cha ghais sneachda, no gliobhaid an crann,
No flichne, no geamhradh, no stoirm,
Slat dhe 'n fhion fhuil dha 'n dligheach bhi ann,
'S a thàinig gun ghanntar le foirm,
Cha bhi Camronaich tuille gun cheann,
'S ann a philleas an campar gu toirm.

Cha 'n ioghna leam idir an uaill,
Déigh 's na fhuair iad de chruas, a's de chlaoidh,
Ri iargan nan gaisgeach bha uath,
B' fhearr alla, 'us luadh anns an t-saoghal,
'N uair bha iad air fògradh, 's air chall,
'S an cuid fearainn san am sin 'gan dith,
Gus an tàinig reachd rìoghail an àigh,
Chur dhachaidh gach àrmunn gu thìr.

'N uair a theid Achnacaraidh air dòigh,
'S a ni Dòmhnull ann còmhnuidh le sìth,
Thig cleachdan a shinsireachd beò,
'S freag'raidh creagan na mòintich do 'n phìob ;
Bithidh toil-inntinn aig d' uaislean, 'us spòrs,
Theid mi-ghean air fògradh, 'us sgìos,
Bithidh fùdar ga losgadh gu leòir,
'S daimh chròic air an leònadh 'san fhrìth.

Gu meal thu nis d' fhearann, a's d' inbhe,
Gach urram, gach briogh, a's gach àgh,
'S do phòsadh ri maighdean dheas ghrinn
Dha 'm bi' maise le aoidh, 'us le gràdh,
Dha 'm bi' gliocas le fiosrach, 's le céill,
Dha 'm bi' càirdean bhitheas treun an deagh ainm,
Dha 'm bi' urram gach subhailc, 'us beus,
Dha 'm bi' fòghlum le ceutaidh gun mheang.

Leat a dh' éireas do chinnidh nach gann,
Gach meanglan gu ceannsgalach cruaidh,
'N uair a thogar do bhratach ri crann,
Chithear darach san am ga chuir suas,
Bithidh gach treun-fhear, 's gach fuiribi gun mheang,
Gu tartrach, neo-fhann, dol 'nan gluas'd,
Neal frioghail ro ghuineach na 'n deann,
Grad tharruing nan lann as an truaill.

Thig Gleann-aibheais a stuirt, as a ceò,
Thig Calldaird gu stròiceach le fhuirt,
Thig an teaghlach dha 'm buineadh an t-Sron,
Ni iad reubadh, 'us leònadh air chuirp,
Leiter-fhiunnlaidh, 's Loch-airceag gu dian,
Gleann-laoigh nach 'eil fiamhach 'san troid,
Thig Ceann-loch leat, Lòchaidh, 's Lochiall,
'S thig o Shuaineard gun giomh thugad cus.

'S ioma caraid tha agad mu 'n cuairt,
A deas, 'us a tuath, thig gu d' fheachd,

'S leat na Caimbeulaich cinnteach gu leòir,
Tha do cheangal ri 'n cleith, 's bithidh iad leat,
Loch nan Eala dhuit dìleas gu leòir,
Teaghlach faramach, cròdha, 'm bheil neart,
'S am Barrabreac cha diobair thu beò,
Bithidh e seasmhach an còmhnuidh le neart.

Bha Clann Dòmhnuill co-aontach dhuit riamh,
'S ann a' d' chomunn a dh' iarradh iad stad ;
'S gach làraich 'n am tagraidh, no strì,
Bhiodh an claidhe gu dìleas cuir leat,
'S gach aon tha de Stiubhartaich beò,
Bithidh iadsan gu deònach 'n a' d' thaic,
Cha 'n 'eil finneadh feadh Alba 'm bheil buaidh
Nach 'eil Camaronaich fuaight' riu gu beachd,

Tha do chàirdeas ri iomadach dream,
Nach eòl domh 'san am thoirt a steach,
Ged bu mhiann leam do leantainn 'san rann,
Tha m' fhiosracha gann air do neart,
Le sin ni mi t' fhàgail san am,
Ann an urram, an gràdh, 'us am meas,
Le guidhe deagh chliù, agus slàint',
Bhi 'ga' d' leantainn mar chàirdean am feasd.

MARBHRANN DO IAIN RUADH PIOBAIR.

FHUAIR mi sgeula bho 'n ghobha,
Cha 'n aobhar meoghail ach gruaim ;
E fein fo mhì-ghean 's fo thrioblaid
Ri iarrunn cist' do dh' Iain Ruadh ;
Saoir a' locradh 's a' sàbhadh,
'S a' chulaidh bhàis 'g a cur suas,
Sàmhach cadal na curra,
Cha chluinnear tuilleadh a fuaim.

Chaidh na maidean a òrdugh
Cha 'n aithne dhomhs' an cur suas,
Tha 'n gaothair air stopadh,
Tha 'n dà dhos 'n an trom shuain,
Chaill an seannsair a chlaisteachd ;
Tha 'n gleus air a ghrad leigeil suas,
Bho 'n tric a thainig ceol taitneach,
Rogha caismeachd mo chluais.

Ceol bu bhlaisd' 'us bu bhinne,
Dhùisgeadh Spiorad do 'n t-sluagh ;
Ceol bu tartaraich' siubhal,
Thionndadh tioma gu cruas :
Ceol mar smeorach a' ghlinne ;
Ceol a's binne na cuach ;

Meoir gun bhraise gun ghiorradh,
Dionach, ruith-leumnach, luath.

Bu sgiolta sealladh do sheannsair
Air port 's air crunn-luath 's air cuairt,
Pronnadh cnaparra, lùghmhor,
Caismeachd shùnntach 's an ruaig ;
Dheanadh gaisgeach de 'n sgliùraich,
Chuireadh diùnlach 'n a luaths ;
Claidhmhnean glasa 'g an rùsgadh ;
Claignean bruit' aig luchd fuath.

O 'n dh' fhalbh an companach sàr mhaith,
Dh' fhalbh an ràbhart 's an spòrs,
Dh' fhalbh beannachd na cloinne,
'S e sheinneadh an ceòl ;
Nis o rinneadh do chàradh,
An ciste chlàraich nam bòrd,
'S mor is misd iad am Phàro
Gun fhear do ghnàis a' bhi beò.

Dh' fhalbh an deagh ghille cuideachd,
Nach robh sgrubail 's an òsd :
Dh' fhalbh fear tràghadh nan searrag,
Chosgadh barrachd air stòp :
Dh' fhalbh fear deanamh nan duanag,
Leis an luaighte' gach clò ;
Cha b 'e ghnàs a' bhi gearan,
Ge iomadh gloin thug dha pòg.

'S beag mo shùnnt ri la féile ;
'S beag mo spéis dheth gach ceòl ;
'S beag mo thlachd a' bhì 'g éisdeachd,
Gaoir theud fir nan cròc* :
Leam a b' annsa do bhruidheann,
An am suidhe mu 'n bhòrd,
Na droch dhreochdan air fidhill,
Mar fhuaim snidh ann a' lòn.

Bha thu d' dhannsair air ùrlar ;
Bha thu siùbhlach air snàmh ;
Bha thu d' charaiche lùghmhor,
Cha bhiodh tu d' lùirich fo chàch
Urram leum agus ruithe,
Glac threun a ruitheadh an ràmh,
'S an am caithe' na cloiche
Bu leat an toiseach air càch.

'S iomadh aon tha 'g a' d' ionndrain
O 'n chaidh ùir ort 's an uaigh ;
An toiseach labhair an spliùcan
Bhiodh tu giùlan gach uair,
" Tha mi fein gun tombaca
Cha b' e sud cleachdadh a fhuair
'S tric chuir Iain fo m' achlais
Greim 'us cairteal 'us cuach."

---

* *Fear nan cròc* was a nickname applied to a blind fiddler of the name of Donald Macaulay, *Domhal Ruadh Dall*, owing to his long, luxurious locks resembling, it was said, the antlers of a deer.

Thuirt a ghloine bha 'n Asdain
" Mo sgeul chraiteach ro chruaidh ;
Dh' fhalbh mo shùgradh 's mo mhàran
Thug am bàs leis Iain Ruadh
Fear a chluicheadh a' chlàrsach,
Dheanadh dàn agus duan
Cha b' e Caluinn a' chrampaidh
Fonn a b' fhearr leis 'g a luaidh."

Thuirt am pige bha làmh ris
" Faigh an t-àrca gu luath
Cuir am chlaigeann-sa spàirt e,
Tha tart 's gach àite mu 'n cuairt :
Thainig con-traigh na plàighe,
Tha nithe gnàthaichte bhuainn,
Cha bhi reothart gu bràth ann,
'S ann a thràigheas an cuan,"

Thuirt am buideal 's am botal
Thuirt an goc ris an stòp
Thuirt an copan 's an t-slige
" 'S mor an sgrios th' air tigh'n òirnn
Tha gach sruth air a dhunadh
Bha cur a dh' ionnsuidh nan lòn,
Cha 'n fhaighear drap air an ùrlar
A fhliuchas brù Dhòmhuill òig."

Thoir mo shoiridh-sa thairis
Dh' ionnsuidh 'n fhearann ud thall ;

O nach faod mi bhi ma'ruibh,
'S leibh mo bheannachd 's an am ;
Biodh an uaigh air a treachaid
Ann a' fasan nach gann,
Buideal *rùm* aig a chasan,
'S rol thombac aig a cheann.

AISEIRIGH IAIN RUAIDH.

Seisd—Horo gu 'm b' éibhinn leam
  A chluinntinn gu 'n do dh' éirich thu,
  'S ann leam is ait an sgeula sin,
  Gu 'n deach' an t-Eug cho teann ort.

Chuala mi gu 'n d' chailleadh thu
'S gu 'n do rinneadh t' fhalaire,
'S e cuis mu 'n robh mi gearanach,
Do bhean a bhi 'n a bantraich.

Thug iad bho na h-òsdairean
Buideal am bun tòrraidh dhuit,
Ma bheireas mi gun òl air,
'S ann a ni sinn seòrsa bainnse.

O 'n tha 'n giuthas sàibht' agad,
'S gu 'n d' rinn an gobha tàirnean dhuit,

'S ann theannas sinn ri bàta
Theid gu Phàro dh' iarraidh Brànndai.

Cha bhi dad a dh' éis orra
Gheibh i gach ni dh' fheumas i,
Ni 'n lion aodach seol meadhoin d' i
'S gu 'n dean na spéicean crann d' i.

Cha 'n easbhuidh nach bi ballaibh ann,
Gu cuplaichean 's gu tarruinnean,
Tha ròpaichean gun ghainn' againn,
'S gu 'n ceangail sinn gu teann iad.

Cha 'n 'eil m' inntinn gearanach,
O 'n chuir thu dhiot an galair ud,
'S ann tha do phiob 'na deannal,
A' toirt caithream air ceol dannsa.

'N uair bha thu 's an réiseamaid,
Bu sgairteal tapaidh treubhach thu,
Na h-uile fear a leumadh ort,
Ghréidheadh tu gun taing e.

'N uair bha thu 'n a' t' òganach
Bu lionmhor àit' am b' eòlach thu
Chunna' mis' an clòsaidean
Ag òl an *Amsterdam thu.

---

* Amsterdam was a name given to the inn at Asduinn, in N. Uist;
the reason being that, on one occasion, a vessel from that con-
tinental port was wrecked upon the coast, and a quantity of liquor
belonging to the ship fell into possession of the innkeeper.

BANAIS CHIOSTAL-ODHAIR.*

A' BHANAIS a bha 'n Ciostal Odhar,
Ann an Ciostal Odhar, odhar,
A' bhanais a bha 'n Ciostal Odhar,
Cha robh fothail chòir orra.

Thainig fear a stigh 'g a' m' ghriobadh,
Dh' innse' gu 'n d' thainig am pige,
Fhuaras botal, lionadh slige,
Bu bhinn gliog 'us crònan.

Thainig fear a nuas le mì-mhodh
Gus e fein a chur an ìre
Thoisich e air bleith nan longnan,
Gu mi fein a sgròbadh.

Ach labhair mise gu fiadhaich,
" Ma 's e mi-stàth tha thu 'g iarraidh,
Gur dòcha gu 'n cuir mi 'n fhiacail,
Air iochdar do sgòrnain ! "

Smaointich mi éirigh 'nam sheasamh,
O 'n bu ghnàth leam a bhi 'g eadradh,

---

* *Ciostal*, the name of a place in Skye, the scene of the riotous
wedding festivities here immortalized.

H

Olc no dh' éiginn fhuair mi 'leagail,
'S bhuail mi breab 's an tòin air !

'N uair a chaidh na fir gu riasladh,
Gu 'n robh ceathrar dhiu 's a' ghriosaich ;
'M fear bu laige bha e 'n iochdar,
°S thug iad mirean beò as.

'N uair a thòisich iad ri buillean,
Cha robh mi fein a' cur cuir dhiom,
Gus 'n do mhùigh iad air mo mhuinneal,
'S air duilleag mo shròine.

A sin 'n uair dh' eirich an trioblaid,
Thainig iad far an robh mise,
Thog iad mi mach thun na sitig,
Theap gu 'n ithte' beò mi.

Thug iad a mach thun nan raointean,
Mar gu 'n rachadh cù ri caoirich,
'S am fear nach do sgròb iad aodann,
Bha aodach 'na shròicean.

'N uair thòisich iad air a chéile,
Sradadh na fol' anns na speuran ;
Bha mis' an aite 'g an éisdeachd,
'S gu 'm b' éibhinn an spòrs iad.

Bhuail iad air a chéile chnagadh,
Leag iad air a chéile shadadh,

Shin iad air aithris na braide,
'S air cagnadh nan òrdag.

Fear ri caoineadh, fear ri aighear,
Fear 'n a sheasamh, fear 'n a luidhe,
Fear a' pògadh bean an taighe,
Fear a' gabhail òrain !

Cha robh ann ach beagan dibhe,
Leig iad a dh' ionnsuidh an cridhe,
Bha fear 'us fear aca rithist,
Gun bhruidhinn gun chòmhradh.

Sin 'n uair a labhair am fìdhleir
Chuir sibh mo phuirt feadh na fìdhle
'S mise 'm fear gu 'n tig an dìlinn,
Nach toir sgrìob air ceòl duibh.

SGIOBAIREACHD.

A' falbh a Loch-na-mada dhuinn
Le sgriob do ghaoith an Iar,
A' togail a cuid aodaich ri'
Cha 'n fhacas aogas riamh :
Bu lionmhoire dhuit sracadh ann,
Na cunntas shlat an cliabh,
'S thoir leam fein gu 'm b' amadan,
Thug anam innte sios.

Sgiobair làidir aineolach
Ro bharaileach mu ghnìomh,
Gu 'm b' olc gu cunntas fearainn i *
'S i an-sheasgair 'na gnìomh ;
Da thota 's dh' ith na giùrain iad,
Na cruinn air an cul sìos,
B' e cuid de 'n fhasan ùr,
An cur an taobh nach robh iad riamh.

B' e sud na crainn 's bu neònach iad
Gun dad ach seòrsa ràmh,
Gun dad a snaidheadh orr'
Ach an liadh thoirt dhiubh le tàl ;
Spreod de bhun slait-iasgaich,
Mar a thogas fiannuis chàich ;
'S gur iomadh uair a shìola'mid
Mur bhitheadh Dia nan gràs !

Na cuplaichean† 's gun sùghadh annt'
'S an stagh 's a dhùil ri falbh,
Na crainn a bagairt-lùbadh
'N uair a thigeadh tùirling gharbh
Deich laimhrigean a chùnnt mi
'S mi 'na m' chrùban air a calg ‡

---

* *Cunntas fearainn.* A phrase applied to the progress of a boat as it skirts along the coast.

† *Cuplaichean.* The shrouds.

‡ *Calg.* Questionable whether this is the proper reading. More probably it should be *balg* which signifies, in some districts, the convexity of a ship.

'S mi greimeachadh le m' iongnan,
Ann an ait' nach direadh sgarbh.

'S e mo run an Dòmhnullach
Bha comhlath rium 's a' bhàt,
'N robh spionnadh agus cruadal
Air a guallainn leis a' ràmh :
Dol sios gu Rudha Lìrinis *
Gu tit Mhic Raonaill Bhàin
Bha fear an sin 'na éiginn,
'S gun air fein ach an aon làmh.†

Bu chruaidh eadar dà Eigneig ‡ i,
'S a muir ag éirigh searbh,
'S a ghaoth a bha 's na speuraibh,
Cuir an céill gu 'n robh i garbh :
'N uair raing sinn Ruadh' Eubhadh §
'S a bha h-uile beud air falbh,
Gu 'n d' fhuair sinn lan na gloine
Chuireadh anam a fear marbh.

---

* " Rudha Lirinis " is a well-known point on the Minch, where
crofters used to live, previous to the absorption of those pendicles
on the east coast into larger grazings. *Mac Raonaill Bhain* was
one of the largest tenants on that part of the sea coast.

† This is, of course, a reference to his own deformity.

‡ " Dà Eigneig." Two rocks, somewhat similar to the Scylla
and Charybdis of the ancients, and very dangerous to the smaller
boats which had to keep near the shore.

§ " Rudh' Eubhadh," a point opposite the south end of *Beinn
Eubhall*, the highest hill in North Uist. There is a harbour there,

Dh' fhalbh sinn agus fras ann
Cha bu stad dhuinn 's cha bu tàmh,
Gus 'n do rainig sinn an cladach,
'S an robh acarsaid an àigh ;
Sean teadhair a bh' air capull,
Chuir iad orr' i air son càbull ;
Fullag airson acair,
Cha robh a casan ni b' fhèarr.

ORAN FOCHAID DO 'N DOTAIR LEODACH.

Thugaibh thugaibh òb òb,
An Dotair Leòdach 's biodag air,
Faicill oirbh an taobh sin thall,
Mu 'n toir e 'n ceann a thiota dhibh.

'N uair bha thu a' d' fhleasgach òg
Bu mhòrchchuiseach le claidheamh thu,
Chaidh Ailean muillear riut a chòmhrag,
'S leon e le bloigh speala thu.

Seolaid Ru' Eubhadh, where there was a small inn, at one time, for the convenience of callers, and where MacDonald got the potent and reviving glass of whisky to which he makes such feeling reference. Near *Ru' Eubhadh* Mac Codrum, the bard, lived during a good part of his life, and probably died there, though tradition is not very clear upon the point.

Bha thu 'na' do bhasbair còrr,
'S claidheamh mòr an tarruing ort,
An saighdear is mios' aig Righ Deòrsa
Chomhraigeadh e Alasdair.

Gu 'm biodh sud ort air do thaobh
Claidheamh caol 's a' ghliocartaich :
Cha 'n 'eil falcag thig o'n tràigh,
Nach cuir thu bàrr nan itean d' i.

Biodag 's an deach an gath-seirg,
An crios seilg an luidealaich ;
Bha seachd òirlich orra mheirg,
'S gur mairg an rachadh bruideadh dh'i.

A bhiodag is miosa 'san tìr
'S a bheairt-chinn air chrith orra,
Chnàmh a faobhar leis an t-sùith,
'S cha ghearr i dh' im na dh' itheadh tu.

Claidheamh agus sgàbard dearg,
'S cearbach sud air amadan,
'Ghearradh amhaichean nan sgarbh,
A dh' fhàgadh marbh gun anail iad.

Cha 'n e deoch bhainne no mhéig
'S cinnteach mi rinn ucsa dhiot,
Ach biadh bu docha leat na 'n t-im,
Glòbainean nan gugachan.

'S iomadh farspag rinn thu mharbhadh,
'S sùlair garbh a rug thu air,
A bhliadhna sin mu 'n deach thu 'n arm,
Chuir uibhean sgarbh cioch-shlugain ort.

'N uair théid thu do 'n chreig gu h-àrd,
Cluinnear gàir nan iseanan ;
'S ma thig am fulmair a' d' dhàil
Sàthaidh tu do bhiodag ann.

'N uair a theid thu 'n chreig tha shuas
Fuadaicheadh tu chlisgeadh iad,
Le deàrsa do bhutain ruadh,
'S do bhucaill chruadh'ch 's a' ghliogartaich.

'N uair a theid thu 's a' chreig-bhàin
Cha mhor do stath 's na sgorrachan ;
Cha tig an eunlaith a' d' dhàil
Le fàileadh do chuid dhrogaichean.

'N uair a theid thu air an ròp,
A righ ! bu mhor do chudthrom air ;
Ma thig an cipean as a' ghrùnnd,
Cluinnear *plumb* nuair thuiteas tu.

Bu tu theannaicheadh an t-sreang,
Cha bhi i fann mur bris thu i,
Direadh 's na h-iseanan a' d' sgéith,
'Thoir leam gu 'm feum thu cuideachadh·

Cha mharbh thu urrad ri càch,
Ge leathunn làidir mogur thu ;
'S t' airm cha dean a bheag a stàth,
Mur sgriobar clàr no praisean leo.

ORAN AN FHAMHAIR.

Horo laddie beag, hòro éile
Horo laddie beag, hòro éile
Air fàilirinn illirinn hu-horo-éile
'S mor m' eagal 's mo chùram, bho Tholl-bùth-allt na béisde.

Ach Aonghais Mhic Caluim
Ghluais thu salach 'na 'd' ghiùlan,
'N uair a shiubhail thu 'm fearann
Le damh air son ùmhlaidh,
Dheanamh dhomhsa na h-ealdhain,
'S rinn na feara do dhiùltadh
Bha thu roimhe d' cheol-gàire
'S bi 'dh tu 'n tràth s' a' d' chuis bhùrsda.

Seann saighdear *mu roddi*
An Culfhodair cha b' fhiù thu,
Ge bu chosgail no chreuchdan
B' olc t' fheum do 'n a Phrionnsa,

Buille 'n corp anns an ar-fhaich
Diol ceàirde Mhic Uisdein
'S beag a th' agad an trathsa
Dhe na thàr thu de dh' ùslaing.

Bha thu 'n saighdearachd shladaidh,
Bha 'n gaiseadh 'na 'd' chuimse,
Dol an làrach a' bhatail
Bha do *chartridge* gun urchair,
Bhiodh t' aodann 'na bhrachlaig
'S an *captain* 'ga 'd' thiomnadh,
'S tric a fhuair thu do shlaiseadh
Le cat nan naoidh earball.

'S tu 'leughadh an t-eagall
'S tu theicheadh gu sanndach,
'S tu nach iarradh do ghreasad
Leis a' gheilt 'bha 'na 'd shùilibh,
Cha robh cuimhn' air an leisge
Dh' fhalbh an sgeig as do ghlùinibh,
Aig anbharr na gealtachd
Dh' fhag thu————anns an triùbhsair.

'N uair a thainig thu dhachaigh
Cha robh *rapair* a' d' phòca,
H' uile peighinn a bh' agad
Thug tombac agus òl uait,

.   .   .   .   .
.   .   .   .   .
.   .   .   .   .
.   .   .   .   .

'S tu oighr' air Iain Sculair
'S tu diudhaidh gach seanchais,
'S tu 'n trusdar 'san trùilleach
'S tu 'n scùm air gach salchar,
'S tu 'm broc an am dusgaidh
S tu murlaig na talmhainn,
'S tu breunain nam feara
Ged nach toil leat mo sheanchas.

'S tu làimheach na mara
'S tu glamhach an fhòlaich;
'S tu brùideag an daraich
Ris an can iad an *òbhar*;
'S tu coinn-dias na caoile
Anns na raontaichean eòrna,
Maol coinein a' bhuachair
Famhair na mòintich.

'M Blar na h-Eaglaise-brice
Ghabh thu 'm briseadh gu spòrsail,
Thug thu mach feadh na raona,
Choinnich aodhairean bhò thu,
Dh' fhaighneachd fear dhe 'n a chuideachd.
Co e 'n luidealach bòchdain,
'S dorn dhe earball air lothadh
Ri bruthadh a thòine.

Thug thu seachdduinn an tràthsa
'G iarraidh bàrd feadh na duthcha,

Gus mis' ithe' 's a chàineadh,   ‘
'S mo smàdadh le d' bhiuthas,   ‘
Bha thu roimhe a' d' làraidh
Am blar aig a Phrionnsa,
Cha bhi mi tuilleadh 'ga 'd' àireamh,
Rinn mi 'n tràths rud beag ùr dhuit.

ALEXANDER MACDONALD.

(AN DALL MOR).

A HEBRIDEAN singer, well known in his day, but of
very much inferior powers to either of the foregoing,
was Alexander MacDonald. He was contemporary with
John MacCodrum. He was· called the "Dall Muileach,"
from the fact of his father having resided for a number of
years in the island of Mull, where the bard was probably
born. His father, however, like a true Highlander—who is
beyond all others "faoileag an droch cladaich"—migrated
back to Uist, and his posterity are still called the "Muilich,"
from their ancestor having sojourned in "Muile nam Mor-
bheann" for a time. He was a man of fine presence, a splendid
specimen of a stalwart Highlander. He went about always
dressed in the garb of Old Gaul, and from his great size, as
well as the fact of there being in the same locality another
blind man of diminutiue stature, he was called the "Dall
Mor." He lost his eyesight in early youth in consequence
of a virulent attack of smallpox. The "Dall Mor" was a
great rhymester, but not many of his effusions have been
preserved, Being a man of great powers of memory, and
being thus able to repeat the whole of the Shorter Catechism
and large portions of the Bible, he was appointed catechist
for the parish of North Uist, through which he travelled
summer and winter, and it is said did a lot of good by

teaching the youth of his day to learn by heart the Catechism, a number of Psalms, and other portions of holy writ. We are not aware that any of his poems are to the fore, except the three short pieces printed here. The first was composed to Ewen MacDonald, Vallay, not the author of "*Cumha na Coise*, Sir James' friend, but his grandson who lived at Griminish. The second was addressed to Ewen's brother, Major Alexander MacDonald, fourth of Vallay, on the occasion of his return from the south, where he had been in quest of health. The last was to Robert MacDonald Macintyre, Clanranald's piper, and was composed at Nunton, in Benecula, where the chief occasionally resided.

ORAN DO EOGHAIN OG BHALLAIDH.

'S toigh leam an Dòmhnullaich sòbar
Aig am bheil an t-aigne stòlda,
Bheir gach aon duit urram còiread,
Eoghain Oig a Bhàllaidh.

'S toigh leam an Dòmhnullach subhach,
Cruinn-chas a dhìreas am bruthach,
Le gunna caol a' bheòil chumhainn,
Bheireadh fuil 's an fhàsach.

'S toig leam an Dòmhnullach dealbhach,
Cruinn chas a shiùbhladh an garbhlach,
Nàmhaid na h-eala 's na h-earba,
'S tric a mharbh thu 'n làn damh.

Tha thu d' dhannsair, tha thu d' fhìdhlear,
Tha thu foghainnteach deas dìreach,
'S tu nach labhradh ach an fhìrinn ;
Beul o 'm binn thig mànran.

Snàmhuiche taobh-gheal na stuaidh thu ;
Sealgair an fhéidh air na bruaichean,
Cridhe treibh-dhireach gun ghruaman ;
Com gun uaill gun àrdan.

Iasgair na linne 's a' chuain thu
Bheireadh na bric gu na bruaichean,
'S mairg a rachadh riut 's an tuasaid
'N uair a ghluaiste t' àrdan.

'S càirdeach thu do Chaisteal Tioram*
'S do Mhùideartach† mòr a' Ghlinne,
Am Blàr Léine 'rinn a' milleadh
Le chuid ghillean làidir.

'S càirdeach thu 'Dhuntuilm‡ nam baideal
Anns an tùr am biodh na gaisgich,
Buidheann nan seòl 's nan sròl daithte
'Rachadh grad 's na blàraibh.

---

* The principal residence of the Clanranald Chiefs.
†.The famous John Moydartach who defeated the Frasers at
Kinloch Lochy.
‡ The residence of the Sleat family before Armadale.

ORAN DO ALASDAIR DOMHNULLACH FEAR BHALLAIDH.

Do bheatha dhachaigh o 'n chuan sgìth,
   Fhir Bhàllaidh nan lann lìomhaidh geur ;
Nan lann sgaiteach, claiseach, cruaidh ;
   Seobhag na h-uaisl' is mor spéis.

Mo cheisd air ceannard an t-sluaigh,
   Anns an ruaig a b' eutrom ceum,
'S leòmhan guineach thu 'n robh spìd,
   Am beul fìrinneach gun bhréig.

'S iomadh bantrach air a glùin,
   A ghuidh 'na h-ùrnuigh dhuit deadh-sgeul,
Agus dìlleachdan gun treòir,
   Leis 'm bu deònach dhol fo d' sgéith.

Rinn na beannachdan thu slàn,
   Le toil 's le fàbhar Mhic Dhé,
Ghairm na seobhaig anns a' chòs,
   Théid am fasgadh oirnn gu léir.

Do bheatha dhachaigh o 'n chuan sgìth,
   Fhir Bhàllaidh nan lann lìomhaidh geur ;
Nan lann sgaiteach, claiseach, cruaidh ;
   Seobhag na h-uaisl' is mor spéis.

ORAN

DO

ROB DOMHNULLACH MAC-AN-T-SAOIR,

PIOBAIRE MHIC-IC-AILEIN.

Oidhche dhomh 's mi ann am chadal,
  Chuala mi sgal pioba mòire,
Dh' eirich mi ealamh a' m' sheasamh,
  Dh' aithnich mi 'm fleasgach a bhual i.

Bha da leomhain orr' a' beadradh
  Claidheamh 'us sleagh air an cruachain,
Bha fear dhiubh o 'n Chaisteal Thioram
  Grunn de na dh' imich mu 'n cuairt d' a.

Mac a Mhor-fhear a Duntuilm,
  Gu 'n d' labhair suilbhearra suairc,
Druidibh ri 'cheile 'Chlann Dòmhnuill,
  Leanaibh a chòir mar bu dual duibh.

Rob Mac Dhòmhnuill Bhàin a Raineach,
  Boineid is breacan an cuaich air:
Bha sùil leomhain 's i 'na aodan,
  Coltas caonnaig 'dol 'san ruaig air.

I

Chluich e "corr-bheinn" air a' mhaighdinn
(Ceol a's caoimhneil' chaidh ri m' chluasan).
Nach iarr biadh, no deoch, no éideadh,
Ach aon léine chur mu 'n cuairt dhi.

Chluich e air maighdinn Chlann Raoghnuill,
Rob a leannan gràidh 'g a' pògadh,
Meal do mheodhair, meal do mheòirean;
Meal do chuimhne 's do glòir shlobhalt'.

Meal do phiob-mhor, 's meal do Ghàilig;
Do mhaighistir dh'.fhàg an rìoghachd.
Iain Muideartach mòr nam bratach;
Raoghnull a mhac thogas ìre.

'S coma leam co ghabhas anntlachd,
'S e Rob maighstir gach pìobair',
Bha 'n urram greis an siol Leòid ac';
'N uair 'bha 'n òinseach aig na daoin' ud.

Bha i 'n sin aig Clann Mhic Artuir
Pìobair sgairteach na caonnaig,
Tha i 'nis 's a' Chaisteal-Thioram,
'S ait leis an fhinne so 'faotainn.

Fhad 's a dh' fhanas Rob 'na bheò-shlaint'
Gleidhidh Clann Dòmhnuill an Fhraoich i.

Oidhche dhomh 's mi ann am chadal, &c.

DONALD MACLEAN.

A BARD of local celebrity in his day and who possessed a large fund of humour was Donald Maclean, or as he was known among his compeers, " Dòmhnull Mac Eóghain," or from the name of the croft he occupied, "Dòmhnull Bàn na Camairt." He was born at Griminish in North Uist, during the last quarter of last century and obtained the elements of an English education in the parish school. He could speak English well—an uncommon accomplishment for a Highland peasant in those days, but accounted for in his case by his having been sent as a youth to learn the cooper trade in Greenock, a lucrative occupation in the palmy days of sugar refining. Donald, however, did not long continue to work at the coopering. He pined to exchange the bustling energy of Sugaropolis for the more leisurely life of his beloved island, "far amid the melancholy main," where time need not be measured by the clock, but by those chronometers of nature's provision which the old Highlander preferred to artificial aids "*Mo shùil, mo bhrù, 's an coileach.*"* Indeed, in those days, the means of intercourse between remote Highland districts and the south were so inexpeditious and rare, that the journey from Uist to Greenock was far more formidable than that to America

---

* My eye, my stomach, and the cock.

in our day, and the Lowlands were generally regarded as terribly far away. This intensified the Scottish Highlander's affection for his native strath, or glen, or moorland, and the attachment was in direct ratio to the remoteness and barreness of the natal soil. Only by bearing this in mind can we understand the strong desire expressed by a native of *Mòinteach an Iochdair* in South Uist when home-sick and far away from his native bog:—

> 'Na faighinn mo leud ann a Mòinteach an Iochdair
> 'S cuideachadh slol buntàta !

This of course would be the acme of bliss.

Donald Maclean left Greenock for North Uist, and took up his residence on the croft of Camairt,* where he reared a large family of sons and daughters. To his crofting avocations he added the employment of gamekeeper and kelp officer, and latterly of auctioneer. His wife was a Roman Catholic, and a daughter of " Fear an Dun-Ghaineachaidh," in Benbecula, but notwithstanding the difference of faith, they lived happily together. They first met under circumstances illustrative of how times have changed. Before the days of the prevention of cruelty to animals, it was the custom to have a cock-fighting, " Cath Choileach," in connection with every school, about the Candlemas season. The boys scoured the country in search of the conquering rooster, and the possessor of the victorious bird was king for the nonce. It was on one of these barn-door excursions that Donald first saw his wife. In after years he came back

---

· * From Cam Aird—the crooked headland or point.

and married her ; and, as her voice finds utterance in one of
her husband's songs, and she is referred to in another, it is
desirable that she should be mentioned here. Humour,
which is sometimes fantastic, characterizes "Oran na
Camairt," but it is apt and clever, and the language is pure
and idiomatic. It was composed in dispraise of "Camairt,"
and the difficulties which its sterility and unproductiveness
presented in the support of a large family, are graphically
told. In the very first verse he breathes an imprecation on
the land whose nakedness he exposes, and he refers to
periodical expeditions in search of the necessaries of life.
His journey to Paible to purchase meal ; the niggardliness
of the Macaulay from whom it was bought ; the indifferent
quality of the meal, and the gigantic size of the mites in
which it abounded ; Donald's altercation with the old wife,
and, finally, their mutual pledging of one another in *mogan*,
and the discovery of third cousinship under its mellowing
influence, are all told. It is sung to the same melody as
Mac Codrum's "Oran a Bhonn-a-sia."

In his song to "Iain Ruadh Bhàllagui" Donald still
complains of the Camairt but hopes for better times. His
senior in estate management might drop off and Donald
would succeed him in office. But the proverb about dead
men's shoes proved true here also. Maclean Bhàllagui was
a man of education and intelligence, and had a good deal to
do with the management of the North Uist estate. His
subordinate, our bard, a namesake and distant relative,
presuming on the other's good nature, exercised his wit
sometimes at the worthy man's expense. How he expected

the demise of the man who stood in the way of his pro-
motion, how he feared that even death could not prevent
such a wordly man from visiting the glimpses of the moon,
and disturbing Donald in the enjoyment of his newly
acquired possessions and position—all this with the anticipa-
tion of coming disappointment—the necessity of scattering
the family among the friends, and of sending his wife to the
Pope, where she would add no more to the population,
comes out in the song. Donald was not always, however,
in the humour to run down Camairt. Once in a way, when
his wife seems to have been discontented with the change
from the fine fertile fields of her native "Dun-Gaineachaidh"
to the rugged lands about Lochmaddy, he assumes the *role*
of admirer of the Camairt and in a metrical dialogue they
support opposite sides of the question. The bard gives
himself the last word in the controversy—not a universal
experience in matrimonial arguments—but apart from that it
may be questioned whether he acts the part of apologist for
Camairt with the same zest and success as he plays the part
of critic in other efforts. Doubtless in the last case his task
was more difficult.

ORAN DO 'N CHAMAIRT.

MILE molachd do 'Chamairt
   Seach aon fhearann an Alba !
'S ann a dh' fhàg i mi dìreach,
   'Na mo shìneadh an ainmheach.

Ged a dheanainn a churachd,
    Cha 'n fhàs ach buinteag 'us sealbhag ;
'S bi mo bhàrr air an t-Samhuinn
    Air uiread caillich a dh' arbhar.*

Chorus—Haoi-o-haoiri, horo-hall,
    Haoi-o-haoiri, horo-hall,
    Haoi-o-haoiri, horo-hall,
        'S mairg a thachair 's an àite,
        Far nach àraichear clann.

Tigh'nn as aonais na mine,
    Cha 'n fhaod gillean bhi meamnach ;
Ann a' freasdal bhuntàta,
    'S gun 's a' bhlàr dheth ach meanbhlach :
Ged a rachainn do 'n tràigh dhoibh,
    Ni na bàirnich am marbhadh ;
'S a dhol 'g am ghearain ri Bàilidh,.
    Gur beag stàth tha 'n a' m' sheanchas.

            Haoi-o, &c.

Tha mo cheann-sa air liathadh
    'S gur e 'm biadh a dh' fhàg ann e ;
'S iomadh taigh 'n dean mi, "Dia so !"
    Dol 'ga' iarraidh 's an t-Sàmhradh ;
'N uair a leumas an t-Samhuinn,
    A falbh gu baile Chlann-Aulaidh ;

---

* The harvest maiden.

Iad dhomhsa ruladh a bharraich,
　'S iad féin ag àrach air cabhraich !

Sud na fir a bhios moiteal
　Ni iad fortan am bliadhna ;
Ma 's e eòrna no coirce
　Gheibh iad ochd sgillinn deug air :
Bi na bodaich ri mogan,*
　'S cha bhi sogan 'ga dheanamh ;
'S far an càirear am pige,
　Cha tig driog as le fialachd.

Turus thug mi do Pheabuill,
　Gu h-airtneulach cearbach,
Dol a dh' iarraidh na ceannachd,
　Ann a meadhoin na h-aimsreach ;
Poc' a dh' fhianagan lachdunn !
　Mi féin a's m' each air ar marbhadh,
Mi gan iomain le bata,
　Chuid nach fanadh 's a' bhalg dhiubh.

Mìle molachd do Ruairi,
　'S gu 'm a buan sud mu 'shealbhan ;
Ged a gheibhte' rud uaithe,
　Rìgh ! bu chruaidh e mu bhargan :

---

* *Mogan* was the name that the Outer Hebrideans had for home
distilled spirits. This illicit trade was largely carried on a
hundred years ago.

Boineid ghlas air a fiaradh,
　　Air de cheud bhadhar Fhearchair,
'S gu·'m bi 'n cùineadh 'g a fhaighneachd,
　　Air neo *line* Ailein Chamshroin.†

'N am bhi tomhas bhuntàta,
　　Mu 'n robh làn anns a' chliabh dheth,
'S ann a labhair a' chailleach,
　　Aig an teine gu fiadhaich,
"Tha thu nis air fàs gòrach,
　　'N uair bu chòir dhuit bhi crionna,
'Toirt do chodach do Dhòmhnull,
　　'S e cheart cho seòlta ri Iamhar."

"Eisd a bhorrasach shalach,
　　'S maith a b' aithne dhomh riamh thu,
C' uim' nach fanadh tu sàmhach,
　　'S gu 'n do phàigh mi 'na' dh' iarr mi?
Ach chuir an donas glas làmh ort,
　　Mar bhios meairleach an iarrunn ;
'S ged a tha thu 'shiol Adhamh,
　　Tha thu grànnd air do dheanamh."

"Cum fo riaghailt do theanga
　　'S gheibh thu barrachd 's a dh' iarr thu ;"
Fhuair i botal 'us gloine,
　　'S bha i ealamh 'g an iarraidh :

---

† This was Lord MacDonald's factor for North Uist.　He lived in
　　his latter days in Mull.

Dh' òl i sud air mo shlàinte,
　Lom-làn gus an iochdar,
'S nuair a shloinneadh an cairdeas,
　B' i féin 's mo mhathair an t-iar-ogh'!

ORAN DO IAIN RUADH BHALEGUI.

'S MAIRG a thachair anns an àite
　Far nach fas an t-eòrna :
Gearradh feamain gu buntàta
　Dh' fhàisginn roimh mo mheòirean :
'G obair daonnan leis a' chliabh,
A feuch am beathaichinn an triall,*
'S le fianuis chàich ge b' oil le m' bhian,
　Cha chuir mi siol am feòirling.†

Ach tha mi 'n dùil 'nuair thig am Bàilidh
　Gur e fàbhar dhòmhs' e ;
'N uair gheibh Iain Ruadh Mac Eachain bàs,
　Bi Bhalegui fo m' spògan ;
'S leam an Ruchdi, 's leam a Phàirce,
'S leam a machair mar a tha e ;

---

* Triall. prov. for an array or troop—a humorous allusion to his
　　　large family.
† A minute portion of land—farthing lands—a relic of Scandinavian
　　　times.

'S leam a h-uile dad a dh' fhàg e,
   'S geàrrachan Ath-leodair.

Gur e mise bhios gu h-uallach,
   Le mo chruachan mòra,
H-uile a h-aon a thig mu 'n cuairt,
   "Bhuainn e, Bhuainn e, Dhomhnuill!"
Cha bhi punndadh cha bhi fangadh ;
Cha bhi sion air bith de aimhreit ;
H-uile duine riamh an Sannda,
   Tigh'nn a nall 'ga' m' chòmhradh.

Ach fear tha riutsa cho gàbhadh
   Cha chum bàs fo 'n fhòd e,
Ged a thiodhlaicinn thu màireach,
   Dh' fheumainn geard an còmhnuidh ;
Thigeadh tu thugam 's a' spàgail,
Le d' chùl buidhe mar a b' àbhaist,
'S chuireadh tu mise 's mo phàisdean,
   Mach air eàrr a' Chrògair.

Ach na faighinn gillean tapaidh
   'N am bhi pasgadh t' òrdag,
Cheangladh do làmhan 's do chasan,
   Le buill ghasda chòcraich ;
Chum 's gu 'n aithnichinn thu 'n am éirigh,
A' tigh'nn a nuas Lon a' Chléirich,
Mar gu 'm biodh each 'us di-leum air,
   'S theichinn féin do 'n mhòintich.

Sguiridh mi nis dhe mo ràbhard,
Cha 'n 'eil stàth 'na' m' stòiri,
Roinnidh mi chlann air na càirdean
Bho nach fàs am pòr dhoibh ;
Cuiridh mi bhean thun a Phàpa,
Far nach beir i tuilleadh gràisge,
'S gabhaidh mi féin le mo mhàthair,
Bho 'n 's i dh' àraich òg mi.

ORAN EILE MU 'N CHAMAIRT.

ESAN.

A'CHAMAIRT bhòidheach 's am bheil mo chòmhnuidh,
Gu duilleach, neòineanach, anns gach gleann,
Air son do bhòi'chead cha bharrachd bòsd domh,
Teisteas mòr a chuir ort do 'n Fhraing :
Ma 's fear bhios beò mi cha bhi mi dòlum,
Coirce 's eòrna cha bhi orm gann,
'S bi cuach 'us smeòrach a deanamh ceòl domh,
'S mi treabhadh mòintich le m' each 's le m' chrann.

ISE.

Ciod am fàth dhuit a bhi 'ga ràitinn,
'Us fios aig càch nach e sin a th' ann,

Ach àite grànnda nach cinnich bàrr ann
  'S nach faigh na pàisdean a null no nall :
Do chrodh a' rànaich 's gun sguap 's an àthaidh,
  'Us iad ag àrach an rud tha gann,
'S mar faigh a *Bhlàrag* e ann a' Bhàllaidh,
  Gun fiugh an t-snàitheann a théid na ceann.

ESAN.

Tha mnathan neònach, 'us thusa t' òinsich,
  Tha mòran neònachais ann a' d' cheann,
Tha muir 'us mòinteach gu maith 'ga 'd' chòmhnadh,
  Tha aobhar sòlais dhuit tachairt ann.
Tha sòbhrach chùbhradh 'us Lili dhù-ghorm,
  A' fàs gu dlùth air a' chreig ud thall ;
'S cha 'n eil 's an dùthaich is fearr an cùmhradh
  Ged ghabh thu 'm bùireadh sin ann a' d' cheann.

ISE.

'S iomadh caochladh a thig air daoine,
  'S tha mise smaointeachadh air 's an am ;
A' moladh aonaich nach fhiach an t-saothair,
  'S gun neach 's an t-saoghal a dh' fhanadh ann,
Le slocan rògach, 's le grobain chòintich,
  Cha 'n fhalbh mi còmhnard gun bhat a' m' laimh ;
'S gu 'm b' fhearr leam seoladh gu Pàp' na Ròimhe,
  'N a' fuireach còmhlath riut anns an am.

Esan.

Ma ghabh thu 'n t-àrdan 's nach fan thu làmh rinn,
 Bi falbh a màireach 'us gheibh thu taing,
'Us ruig am Pàpa sin tha thu 'g ràdh,
 'S a dh' aindeoin cràbhaidh cha 'n fhan thu ann ;
Bi mi 's mo phàisdean 'n am mhonadh àghmhor,
 Le bainne 's blàthaich 'us càise 's meang,
'S bheir mi *discharge* dhuit air do dhèarna,
 'S le beannachd Phàdruig na till a nall.

NEIL MACVICAR.

A BARD, of whose compositions the song that follows alone is extant, was Neil MacVicar, or as he was known locally, "Niall Ruadh Mòr." He lived at Vallay, and emigrated to Cape Breton upwards of 60 years ago, where he continued to woo the muses. The humour of "Oran nan Cat" leads us to think that his trans-Atlantic verses must have also been worth preserving, but whether they live in the memory of the generation that followed is more than doubtful. As to "Oran nan Cat," the story was that on the night of a certain fiddler's wedding, and after the close of the festivities, a number of the neighbouring cats congregated to where the bagpipes had been deposited, to whose strains the merrymakers had tripped the "light fantastic toe," and greedily devoured the sheep-skin bag, so essential a part of the national instrument. We do not know whether, like the fox, they congratulated themselves on the combination of meat and music; but they fought and lacerated one another over the division of the spoil, each endeavouring to get the lion's share. But as they did not go the length of the Kilkenny cats, they were able afterwards to moralise on the situation. When the period of reflection came, they were sadder and wiser cats, and their reminiscences of their destructive convivality seem to have been somewhat mingled. The piper, in the first verse, refers to the tragic fate of the instrument, and thereafter the different cats express their opinions.

ORAN NAN CAT.

OIDHCHE banais an fhìdhleir
  Bha mi inntinneach eutrom,
Mo chridhe mire ri 'm inntinn,
  'S bha gach ni leam a' géilltinn ;
Plob nan dos 's i fo m' achlais,
  'S dheanainn caismeachd do cheudan :
Mu 'n d' thàinig deireadh na h-oidhchc
  Cha robh mìr dh' i ri chéile.

  Seisd—Bheir mi o raill òho
      Agus o raill éile,
      Bheir mi o raiil òho
      Agus o raill éile ;
      Bheir mi o raill òho
      Agus o raill éile,
      Gur e mis' tha gu tùrsach,
      'S mo chruit-chiùil air mo thréigsinn.

Thuirt an cat a bha 'n Langais,
  "Tha mo cheann air dhroch cìreadh,
'S tim dhomh féin a bhi sealltuinn,
  Ciod e'n t-am tha e dh' oidhche ;
'S mòr gu 'm b' fheàrr leam bhi 'n còs,
  Aig amhuinn Lònaidh 'n am shìneadh
No na fhuair mi 'phìob Dhòmhnuill,
  'S chaidh an ceòl feadh na fìdhle."
      Bheir mi o raill òho, &c.

Thuirt an cat a bha 'n Cìrean,
  " 'S tim dhomh féin bhi dol dachaigh,
Ma 's a maith cath nan ìongnan
  Tha mi sgìth dhe 'r cuid sabaid."
Thuirt cat mor Bun-na-dìge,
  " Mo chluasan féin air an sracadh :
'S mòr gu 'm b' fhearr leam i Dhòmhnuill,
  A' bhi gu ceòlmhor fo d' achlais."
      Bheir mi, etc.

Thuirt an clot-cheannach duaichnidh
  An cat ruadh a bh' aig Dòmhnull,
'S a dhà thaobh air an gualladh,
  Mar chaidh fuachd ann le reòtachd ;
" 'S fad o'n chaill thu na cluasan
  Mu 'n an truailleachd a' d' òige,
Bhiodh tu crògnadh an uachdair
  A muigh aig buailtean na mòintich."
      Bheir mi, etc.

" Eisd a shiongaire lachduinn
  Mu 'n cuir mi asad an t-eanchainn ;
'De chuir thusa gu baile,
  Chur na h-athais sin ormsa?
Ma chaill mise na cluasan,
  Cha b' ann mu 'n truailleachd a dh' fhalbh iad,
Ach droch easlaint a bhuail mi
  'S thug iad 'uam gus mo theannacs' iad."
      Bheir mi, etc.

K

Thuirt cat Dhòmhnuill na Camairt-
   " B' fhearr domh fantail 's a' mhòintich ;
'S daor a phàigh mi mo shuipeir
No na dh'ith mi no dh'òl mi.
'S ann a chaill mi mo shùilean
   Ge b' e 'n cù bha 'g an sgròbadh
Air son craicionn seann rùda
   'S gur e mùn thug a chlòimh dheth !
      Bheir mi, etc.

Thuirt cat Thormoid* 's e labhairt
   " Théid bhur sparradh am prìosan
Bho 'n tha mise 'n a' m' Earraid
   'S duine daingean bho 'n Rìgh mi ;
Théid bhur glacadh mar mheirlich
   Bho nach tàmh sibh an oidhche,
'S dòch' gu 'm faic mi 'n glas-làmh
   Gu tigh *guard* am Port-righ sibh."
      Bheir mi, etc.

* Norman was a messenger at arms and his cat naturally
assumed official airs.

DONALD MACLELLAN

A BARD of local fame was Donald Maclellan, or as he was called *Dòmhnull Ruadh nan Oran*. He was the author of several fugitive humorous productions, but the song which follows " Maighdean Bhòidheach Mhic Fhearghuis," seems alone to have survived. This "Mhaighdean" was really a ship of that name, the property of one John Ferguson, and on board of which Donald sailed as a hand. Like most other bards, Donald was a gay Lothario, who dearly loved the lassses ; but this maiden whose praises he celebrates was more constant and worthy of his attachment than all the other fair ones on the country side. It is a fine breezy effusion, though marred in one or two passages by the introduction of English words.

MAIGHDEAN BHOIDHEACH MHIC FHEARGHUIS.

Seisd—Faill illirinn oho
Hug 'us ohoro éile
Faill illirinn oho
Hug 'us ohoro éile
Faill illirinn oho
Hug 's ohoro éile
Maighdean Bhòidheach Mhic Fhearghuis
Gur tric a dh' fhalbh sinn le chéile.

Tha mo chion air a' Mhaighdin
Gheibhinn caoimhneas 'na 'd' achlais

'S tu bu bhòidh'che dreach léine,
'Nam éirigh 's a' mhaduinn :
Do shlios mar chanach an t-sléibhe,
'S gaoth a' séideadh 'na d' bhadan,
'S tu nach innseadh na breugan,
'S nach cuireadh sgeul orm le magadh.

'S tric a chaithris mi 'n oidhche,
Cur na maighdinn an òrdugh,
Mu 'm faigheadh iad beum dh'i,
Latha Féille no Dòmhnuich ;
Cha robh riobain mu 'n cuairt d'i
Ach buill chruaidh dhe 'n a' chorcach,
'S i bu bhòidh'che dhe cinneadh,
A' dol an ionad a seòlaidh.

Fhuair mi loineachan pòsaidh,
Leat bho Steòrnabhagh Chaisteil ;
Bha do ghealladh ro dhearbhta,
Bha thu earbsach 'n a d' fhacal ;
'S mi gu 'n ceannachadh an gùn dhuit,
Ged bhiodh crùn air an t-slait dheth,
Agus riobainean còrcaich,
Chum do sheòladh bhi aithghearr.

Cuid de bheusan mo leannain
A bhi cathranach faoilidh ;
Gabhail fàileadh na mara,
Bho 'n a chleachd i mar cheaird e ;
Bheirinn *dram* dha cuid lamhan,
'S rud a bharrachd 'nam faodadh,

'S b'e mo rogha *dibhearsoin*,
A' bhi a' pasgadh a h-aodaich.

Tha clann-nighean an taobh so
'S beag tha m' ùigh ann am pàirt diubh,
'G am bheil crodh agus caoirich,
'S cha ghabh mi h-aon diubh 'n a' d' àite ;
'S mi nach iarradh leat tochradh,
Ach *jib*, a's *topsail*, a's *mainsail*,
Agus *foresail* maith ùr,
Bhi as do chionn air a *bhendadh*.

'S iomadh latha cas gailbheach,
A rinn mi 'n soirbheas a dhìobradh,
Ann a' Maighdean Mhic Fhearghuis
'S cha chuireadh soirbheas gu dìth i ;
Cha robh mis' am bhall fanoid,
Dh' aindeoin cantanas nigh'nag,
Dheanainn feum fir an tighe
Dhoibh a latha 's a dh' oidhche.

'S iomadh oidhche fhliuch, fhuaraidh,
Eadar Tuath agus Manainn,
Bha mi muigh leis a' Ghruagaich,
Leis nach b' fhuathach mo leantuinn,
Ise ruith air an fhuaradh,
'S muir a' bualadh mu darach,
Mi féin 's mo làmh air a guallainn,
'S bha cuisle fuathasach fallain.

RACHEL MACDONALD.

———

RACHEL MACDONALD, or *Raonaid Nighean Mhic Neil*, a distinguished poetess in her day, (a native of North Uist,) flourished towards the close of last century. It is said that this Hebridean Sappho was once in the Isle of Skye, wind-bound and waiting for a boat and a favouring breeze to take her across the Minch. She happened one day to beguile the tedium of waiting by gathering shell-fish along with other women on the shore of Loch Dunvegan, when raising her head and looking westward, she saw a tall handsome man passing by. To the astonishment of the rest this gentleman, splendidly dressed and wearing a gold ring, accosted *Raonaid*, and, finding out that she was waiting to cross to Uist offered her a passage. This turned out to be young Maclean of Heiskir, an island otherwise known as Monach, lying westward of North Uist. In praise of "Fear Heisgir" and his Birlinn the following stirring verses were composed, which are all that remain of her poetry.

ORAN FIR HEISGIR.

Gur e mis' tha fo mhìghean
'S mi leam féin air a' chnoc,
Fada fada bho m' chàirdean
Ann an àite ri port

Gus a faca mi 'm bàta
  Le siùil àrda ri dos
Tigh' nn bho Rudha na h-Airde
  'S mac an àrmuinn ri stoc.

Mac an àrmuinn ri stiùireadh,
  A' tigh' nn a dh' ionnsuidh an t-Snoid
Steach troimh chaolas a' beucadh
  'S muir ag éirigh ri stoc
Tha do làmhsa cho gleusda,
  'S cha do thréig thu do neart,
Ged a thigeadh muir dù-ghorm,
  Chuireadh srùladh a steach.

Bu tu sgiobair na fairge,
  'S tu fear falmadair grinn,
'S tu gu 'n deanadh a stiùireadh,
  'Nuair a dhiùltadh cach ì,
'Nuair a bheireadh iad thairis,
  'S iad nan luidhe 's an tuim,
Chuireadh tus' i cho gàireach,
  Gus an tàradh i tìr.

Cha bu ghlas bho·'n a' chuan thu,
  Cha bu duaichnidh do dhreach,
Ged a dh' eireadh muir tuaireap,
  Agus stuadhana cas,
Bagradh *reef* orr le soirbheas,
  Le stoirm 'us droch fhras,
Bha do mhisneach cho làidir,
  'S bha do làmhsa cho maith.

Cha robh do leithid ri fhaighinn,
    Eadar so 's a Chaoir dhearg,
Eadar Lìte no Barraidh,
    'N dean iad taghal no falbh,
Cha robh maighistear soithich,
    Chuala gliocas do làmh,
Nach bi faighneachd am b' fhiosrach,
    C' àite 'm faicte do bhàt.

Ged bhiodh closanaich mhar' ann,
    A bhuaileadh barraibh a crann,
Chuireadh fodh' i gu slataibh,
    'S luaithe h-astar na long,
Tha i aotrom aigeanneach,
    'G éirigh eadar gach gleann,
Muir a bualadh mu darach,
    A' fuasgladh reangan 'us lann.

An iùrach àluinn aighearrach,
    'S i ri gabhail a' chuain,
I ruith cho dìreach ri saighead,
    'S gaoth na h-aghaidh gu cruaidh ;
Ged bhiodh stoirm chlachan-meallainn
    Ann 's an cathadh a tuath,
Ni fear Heisgir a gabhail
    Làmh nach athadh roimh stuaidh,

ANGUS CAMPBELL.

ANGUS CAMPBELL, patronymically *Aonghas Mac Dhòmhuill 'Ic Eoghainn,* or as he was also known in his own day "Am Bard Sgallach," flourished between eighty and a hundred years ago. He was a native of Benbecula, where he followed the tailoring trade. He was well known in his time as a rhymster of sarcastic humour whose wit was as keen and incisive as his shears. He was a practical joker from his youth and dearly loved a butt. In his time it was the custom in his native island to give a stated salary to a tailor for doing all the work in one or more townships. When Angus started business on his own account he happened to be working in a house the mistress of which doubted his honesty. Tailors were sometimes suspected of appropriating the sewing thread with which their employers always supplied them and was, invariably, of native manufacture, and the good wife finding she had to go from home and harbouring the suspicions referred to, thought it was a very brilliant idea to lock the ball of thread in her principal chest, leaving the end out through the keyhole for the tailor's requirements. The precaution was obviously no check, but Angus, who was as honest as the seven locks, was very much annoyed at being treated as a thief and resolved to have his revenge. As soon as the good wife left he broke the thread and let it slip back through the keyhole. Having a shrewd suspicion of what the chest contained he tilted it up on one end, then on the other, placed it upside down, and in all sorts of positions as if it were to get the thread back through the keyhole. Finally he walked out of the house. Shortly after the mistress of the house returned. Angus on meeting her explained how the sewing thread had broken and slipped through, and though he had placed the chest in all sorts of positions he failed to get hold of it. The woman was in despair. She raised her hands in horror and dismay and said "Angus you have ruined me. My meal, my butter, my eggs, my cream, my milk, my best dishes, were all in that chest. I'll never get over this day's loss"! Yes, that was all very true, but Angus had his revenge for her unfounded suspicions.

Angus, as stated, dearly loved a butt and he found one in a neighbour who on account of his height was known as "Dòmhnull Ard" and at whom he directed all manner of squibs and lampoons. "Dòmhnull Ard" was inclined to be penurious and close fisted and, therefore, indisposed to participate in the convivial meetings of the district. The bard twitted him on his sordid and ungenerous disposition in a song composed to a lively measure :—

> Cha toireadh tu Dhòmhnuill Aird
> Cha toireadh tu da sgillin,
> Cha toireadh tu Dhòmhnuill Aird
> Dad am bàids' na cloinn nighean.

This was a reference to the custom of subscribing for an entertainment to which the young men invited the fair maidens in whom they felt a special interest. *Dòmhnull Ard* also receives special mention in another song by the "Bard

Sgallach" of which I regret to say I have only two or three verses. At certain seasons of the year a large quantity of fish principally the species known in the Western Islands as *mucan ruadha*, a species of perch, used to be washed ashore in tempestuous weather. In those days food supplies were not too plentiful in the Highlands, at all times, and the people used to turn out in force to gather this harvest of the sea. The appearance presented by the people of the township of Aird, lining the curved sea-shore and intently occupied in the search for stranded perch was, from one aspect of it sufficiently pathetic, but the poet seizes on the humorous side of the scene.

SEISD :—Tha na fir mhòra, mhòra, mhòra,
      Tha na fir mhòra falbh ri oirthir,
      Tha na fir mhòra siubhal ri stoirm,
      'S ann orra tha 'n colg a' falbh ri oirthir.

Mnathan cho miannach, mucan cho lìonmhor,
    'S milis am biadh, gu siorr' cha teirig e,
Gillean cho luath ri iomall a' chuain
    'S 'n uair 'chi iad muc ruadh 's a' stuaigh gu 'm beir iad orr'
                Tha na fir mhòra, &c.

Uilleam Mac Iain am breabadair òg,
    'S ann air a bha 'n còta 's mor a thoilleadh ann,
Le truimead an eallaich cha togadh e cheann,
    'S ann air a bha 'n call 's an am 'n do theirig iad.
                Tha na fir mhòra, &c.

Onfha na mara am bliadhna 'g ar dùsgadh,
   'S ann orra bha sùrd air chùl nan sgeirean ;
Cha robh easgann an càrn nach d' thàinig gu tràigh
   'S gu 'n d' fhuair Dòmhnull Ard na dhà mu dheireadh
    dhiubh.

                  Tha na fir mhòra, &c.

The "Bard Sgallach" was however capable of more serious
efforts than those referred to and the two following poems,
one an eulogy and another an elegy on Captain Angus
MacDonald, Milton, a nephew of the celebrated Flora,
testify to the more solemn vein. The elegy was composed
on the tragic occasion of Captain MacDonald's death by
drowning in 1809.

ORAN DO FHEAR AIRIDH-MHUILINN.

Slàn iomradh do 'n ghaisgeach
   A chunnaic mi seachad an dé,
Mac ud Aonghais Oig bheachdaidh
   Cha b'e 'n t-iomrall leam tachairt riut féin.
Fear gun iomluaisg 'na aigne,
   Bha gu siobhalta, staideil an céill ;
Aig a' mheud 's a bha thlachd ort,
   Cha d' fhuaradh dhuit masladh no beum.

Slàn o chunnart sud dhàsan,
   Cha téid duine 'ga àicheadh nach fior

O 'n si 'n fhirinn a b' fhearr leat,
  'S o'n 's i 'n acfhuinn a ghnàthaich thu riamh,
Mheud 's a fhuair mi dhe d' chòiread
  Ann an comain an eòlais nach b' fhiach,
Ni mi 'n urrads' a' d' chòmhnadh
  Fhad 's is urrainn do m' chòta 'ga dhiol.

Gheibhte sud am beul feasgair
  Ann a' d' fhàrdaich-sa beadradh 'us mùirn ;
Bùird mhòra 'gan leagadh,
  'Us an àirneis bu deis' os an cionn :
Bhiodh na deochanna brasa
  'G am brosnacha seachad air thùs,
Anns na cupanna breaca ;
  'Us fir òga 'g an aiseag gu dlùth.

Gheibhte' sud ann a' d' fhàrdaich
  Ceòl fìdhl' agus dàna 'cur leis ;
Tigh nan uinneagan clàraidh,
  Far am faigheadh na h-àraidhean meas ;
Dhòmhsa b' fhurasda ràidhtinn
  Gu 'm b' e sud mo cheòl gàire car greis,
Cha bhiodh cuideachd mar dhàimh ort,
  Bhiodh tu féin 'na' d' cheòl-gàire 'nam measg.

'S mòr do bhiàthas aig Gallaibh
  'N uair a bhiodh iad air allaban cian,
Meud do mhùirn 'n a' do bhaile,
  'S cha bu chùirt leat bhi malairt am bìdh ;

'S tric a thug thu uat deannal,
　　Fhir nach sgrubail a shealladh am prìb,
'S mò do dhùil ann an onair,
　　Na bonn dheth bhi d' sporan 'g a dhìol.

'S iomadh sruthan de 'n fhior-fhuil,
　　Tha ruith ann an sioladh do bhall,
Sliochd ud Raonuill mhòir phrìseil,
　　Nach d' fhòghlum bhi mìothar no gann,
Agus deagh Mac 'Illeathain,
　　'S gun a theaghlach ri fhaigheil an tràths ;
Cur le chéil' ann an cruadal
　　'S tric a bhuidhinn iad buaidh anns na blàir.

Da chraobh anns a' ghàradh
　　Cha 'n ionnan cur fàis dhoibh 'nan dìth's,
Craobh a shìolaich 's a dh' fhàsas,
　　Craobh a thuiteas le pràmh 'us le aois,
'S ionnan sud 's mar a ta sinn,
　　Nis o 'n phàigh sinn na màil ud cho daor ;
Tha ar n-urra cho làidir
　　'S gu 'n cuir e 'na àite gun chlaoidh.

MARBHRANN DO FHEAR AIRIDH MHUILINN.

Aonghais Oig rìomhaich
   Gu 'n seinneadh pìob leat 'us bratach,
Air each aigeannach cruidheach
   A ghearradh dìreach an t-astar :
'S e mo chràdh do chorp cùbhraidh
   'N a luidhe dlùth ris an aigeal,
Gu 'n deach d' anam do Phàrras ;
   Na h-ostail chàirich do leaba.

Dia a ghleidheadh an céille
   Do na dìlleachdain uasal,
A dh' fhàg thu a' d' dhéigh,
   'S e so am foghar a ghuail iad :
Cha robh leithid an athar
   Ann an cliù no maitheas mu 'n cuairt doibh
An treas pears' 's an Roinn Eòrpa
   'N a shuidh an còmhlan dhaoin uaisle,

Thuit a' chraobh leis an duilleach,
   Chrìon am bun 's gu 'n do chrìon e ;
An latha rinneadh do bhàthadh
   Gu 'n robh an t-Ard Righ 's an fhianuis :
Gu 'n robh an uair air a cumadh,
   Gaoth 'us sruth mar an ceudna';
Chuir sud thairis an t-eathar
   Mo chreach ! mu leitheach an lionaidh.

Thug thu ràimh do na gillean,
　Cha robh tuilleadh a dhìth ort ;
Bha thu 'n dùil mar a b' àbhaist
　Gu 'n robh do shnàmh mar an fhaoileag,
Gu 'n robh do shnàmh mar an eala,
　A dh' fhalbhadh aigeannach aotrom ;
Pearsa dhìreach, dheas, dhealbhach,
　'S bochd a dh' fhalbh thu gun aois uainn.

Bu tu sealgair a' mhonaidh
　Leis a' ghunna nach diùltadh,
Air damh cròcach nan cabar,
　A leumadh aigeannach sùnndach ;
'N an leumadh gu marbhadh ;
　Bha thu d' shealgair bho dhùthchas ;
Ròn, eala, 'us earbag
　Nan gearra-chasa lùth'or.

'N uair a chruinnicheadh an camp
　Bu tusa ceannard nan daoine ;
An rud a theireadh tu dheant' e,
　No dh' fheuchadh tu faobhar.
C' àite 'n robh ann an Alba,
　Tràth sheasadh tu calma fo d' aodach,
A h-aon a labhradh riut dàna ?
　B 'e 'n t-eun a b' àirde 's a' chraoibh thu !

MALCOLM MACLEOD.

THE author of the following song was Captain Malcolm
Macleod, a well known and much esteemed man in his
day, who lived at Lochmaddy, and died there some thirty
years ago. Donald Munro, the hero of the song, was a half
witted giant of great strength, but greater indolence, who for
years made his home with the Captain, sometimes working
and sometimes not, just as the spirit moved him. He went
under the nickname of the "Speireag," and when so ad-
dressed his wrath knew no bounds. The "Speireag" loved
the short winter days, limiting, as they did, the time of labour,
but when Spring brought longer hours and better weather
his countenance fell and he was wont to express his regret at
the vanished storms of winter thus, "Tha chron sin air a' là
Earraich bi 'n dara ceann dheth tioram." Like most creat-
ures of low intellect, Donald sometimes took a wandering fit.
He once came back after a long absence, to his patron's
house, and was welcomed by Malcolm who was a ready-
witted rhymester thus :—

Dh 'fhalbh an Speireag air iteig do 'n iarmailt
  'S thug i 'n taobh siar oirre dh' iarraidh a lòin,
Tillidh i rithist mar shneachda gun iarraidh
  'S gabhaidh i sios gu Calum Macleòid.

Donald's natural gloom deepened on hearing this and he
vowed he would never do a turn for Malcolm any more;

L

but his humour was restored on Malcolm saying—" Hoots
Donald that was not what I meant at all but this :—

> 'S maith thu féin a Dhòmhnuill mhòir
>   As do léine, as do léine,
> 'S maith thu féin a Dhòmhnuill mhòir
>   As do léine phlangaid.

Donald, like many a wiser man, was very fond of tobacco.
Captain Macleod on one occasion came home from a long
sea voyage, and Donald's first salutation on meeting him at
the door was " Have you got any tobacco for me Malcolm?"
The honest Captain had a pound of the strongest twist in
his hand and threw it at him, whereupon Donald, overcome
with emotion, sunk on the floor simulating death. The
Captain at once launched forth in the following mock-heroic
" marbhrann," in which he enlarges upon the virtues of the
departed hero. It may be stated that poor Donald after-
wards met his death under circumstances which caused a
great sensation at the time, and were the occasion of a mem-
orable criminal action. Captain Macleod composed other
songs not so well known, or meritorious, as that which follows.

MARBHRANN NA SPEIREIG.

> RIGH ! gur mis' tha gu brònach
> A h-uile latha 's Di-dòmhnaich,
> Bho 'n a chuir iad thu 'Dhòmhnuill,
>   An ciste bhòrda gu teann ;

'G a' do ghiùlan aig fearaibh,
A dh' fhalbh leat do Sgeallair ;*
Sgeul ar cràidh bhi 'g a aithris,
   Thu gun aithne gun chainnt.

'N am b' ann am batal no 'n còmhrag
A rachadh do leònadh,
Gur iomadh laoch dòrn-gheal
   A dheanadh stròiceadh le lann ;
A thigeadh 'gar còmhradh,
A dhioladh do thòrachd
Bho 'n Chaisteal ud Fòlais, †
   Le 'n cuid sròiltean ri crann.

Thigeadh Rothaich 'nan ceudan,
Mar bheum-tuile le sléibhtean,
Luchd a dheanamh an euchd iad
   'N uair a dh' éight' an *adbhans ;*
Ann am blàr Clach-na-h-aire
'S mòr an cliù fhuair na feara,
Dh' fhàg iad Frisealaich ainneamh,
   Ged bha 'm barrachd dhiubh ann.

Gur h-iomadh laoch treubhach
A dh' fhàg iad gun éirigh,
Call am fala bho 'n creuchdan
   As gach féith a bha annt'.

---

* "Sgeallair" was the burying place of the district.
† Foulis Castle the residence of the Munro chiefs.

'S 'nam biodh tus' ann le d' éideadh,
Le d' claidheamh 's le d' sgéithe,
Cha robh laoch anns an Fhéinne
    A dheanadh d' fheum air an ceann.

Bha mo ghréidhear-sa làidir,
Bu mhaith gu feum 'us gu stàth e,
Ni b' eòlaich' air àiteach
    Mu na bàigh cha robh ann ;
Foghar, geamhradh, 'us céitein,
Bhiodh tu 'g àrach na spréidhe,
Bhiodh tu muigh air na sléibhtean,
    Air an déigh anns gach am.

Tigh' nn bho shiubhal an aonaich
'S ann ort fhéin bhiodh an fhaoilte,
Fiamh a' ghàire bhiodh daonnan
    Air an aodann gun sgraing.
Bhiodh mo thigh air dheadh chòmhdach,
Air dheagh ghréidheadh mo mhòine,
'S mòr an call a th' ann dhòmhsa,
    Gu 'n deach am fòd air do cheann.

JOHN MACDONALD,

OR

IAIN MAC DHUGHAILL 'IC LACHLAINN.

THE author of the following song was a native of Ben-becula, who flourished at the time of the first Pretender. He composed it in praise of Allan MacDonald of Clanranald, shortly before the rising of 1715. The hero of the song was a man of great culture as well as military courage, and his fall at the battle of Sheriffmuir was much lamented in the Highlands. The desire so deeply seated in the Highland breast to rise for the restoration of the Stewart dynasty is well expressed in the chorus "Tha tigh'nn fodham éiridh."

THA TIGH'NN FODHAM EIRIDH.

ORAN DO THIGHEARN CHLANN-RAONAILL.

SEISD :—Tha tigh'nn fodham, fodham, fodham,
Tha tigh'nn fodham, fodham, fodham,
Tha tigh'nn fodham, fodham, fodham,
Tha tigh'nn fodham éiridh

Sud an t-slàinte chùramach,
Olamaid gu sùnntach i,
Deoch-slàint' an Ailein Mhùideartaich,
Mo dhùrachd dhuit gu 'n éirich.
Tha tigh'nn fodham, &c.

Ged a bhiodh tu fada bh' uainn,
Dh' éireadh sunnd 'us aigne orm ;
'N uair chluinninn sgeul a b' aite leam,
    Air gaisgeach nan gnìomh euchdach.
                Tha tigh'nn fodham, &c.

'S iomadh maighdean bharrasach,
Dha maith a thg an earrasaid,
Eadar Baile-Mhanaich, *
    'S Caolas Bharraidh a tha 'n déigh ort.
                Tha tigh'nn fodham, &c.

Tha pàirt an Eilean Bheagram † dhiubh,
Tha cuid 's an Fhraing 's 's an Eadailt dhiubh,
'S cha 'n 'eil latha teagaisg
    Nach bi 'n Cille-Pheadair ‡ treud dhiubh.
                Tha tigh'nn fodham, &c.

---

* Baile-Mhanaich. The monk's town, a township in Benbecula, where there was once a monastery with a grant of lands from one of the Lords of the Isles.

† A small island upon a loch on the farm of Drimsdale. It contains the ruins of a fort and the remains of a dwelling house, and was a place of strength in the days of the old Clanranald chiefs.

‡ Cille-Pheadair; the church of the old parish of Kilpeter in the south end of South Uist.

'N uair chruinnicheas am bannal ud,
Bréid caol an càradh crannaig orr'
Bi'dh fallus air am malaidhean,
   A' danns' air ùrlar déile.

        Tha tigh'nn fodham, &c.

'N uair chiaradh air an fheasgar
Gu 'm bu bheadarach do fhleasgaichean :
Bhiodh pìoban mòr 'g an spreigeadh ann,
   'Us feadanan 'g an gleusadh.

        Tha tigh'nn fodham, &c.

Sgiobair ri là gaillinn thu,
A' sheòladh cuan nam marannan,
A bheireadh long gu calachan,
   Le spionnadh glac do threun fhear.

        Tha tigh'nn fodham, &c.

Sgeul beag eile dhearbhadh leat,
Gur sealgair sìthne 'n garbhlaich thu,
Le d' chuilbheir caol nach dearmadach,
   Air dearg-ghreidh nan ceann eutrom.

        Tha tigh'nn fodham, &c.

B' e sud an leòghann aigeannach,
'N uair nochdadh tu do bhaidealan,
Làmh dhearg 'us long 'us bradanan,
   'N uair lasadh meamna t' eudainn.

        Tha tigh'nn fodham, &c.

ALEXANDER STEWART.

THE author of the following song was Alex. Stewart, the editor of a well-known collection of Gaelic poetry, who was for some time a schoolmaster in North Uist. The lady to whom it was composed was Miss Maria Macqueen, daughter of the Rev. Allan Macqueen, minister of North Uist. Her mother was a daughter of William MacDonald, III of Vallay. It is said that his passion for the young lady whose praises he here celebrates, brought him to a premature grave. At anyrate, the song breathes throughout the most devoted attachment, and bears traces of a refined, as well as poetic soul. He flourished upwards of a hundred years ago.

A MHAIRI BHOIDHEACH.

A Mhàiri bhòidheach 's a Mhàiri ghaolach,
A Mhàiri bhòidheach gur mòr mo ghaol ort,
A Mhàiri bhòidheach gur tu a chlaoidh mi,
'S a dh' fhàg mi brònach gun dòigh air t'fhaotainn.

A Mhàiri bhòidheach gur mòr mo ghaol ort,
Gur tric mi cuimhneachadh ort 's mi m' aonar,
Ged a shiùbhlainn gach ceum de 'n t-saoghal,
Bi 'dh t' ìomhaigh bhòidheach tigh'nn beò gach taobh dhiom.

'S truagh nach robh mi 's mo Mhàiri bhòidheach
Ann an gleannan faoin 'us ceò air,
'S ged bu rìgh mi 'san Roinn-Eòrpa,
Cha 'n iarrainn pòg ach bho Mhàiri bhòidheach.

Ach chithear féidh air sgéith 's na speuran ;
'S chithear iasg air àird nan sléibhtean,
Chithear sneachda dubh air gheugan,
Mu 'm faicear caochladh tigh'nn air mo spéis dhuit.

O ! Mhàiri lughdaich thu mo chiall domh,
Tha mo chrìdh' le do ghaoil air lìonadh ;
Tha gach là dhomh cho fad ri bliadhna,
Mur faic mi t' aodann, a tha mar ghrian domh.

Do shùilean meallach fo d' mhala bhòidheach,
Do bhilean tana air dhath nan ròsan,
Slios mar chanach an gleannan mòintich,
'S do ghruaidh mar ròsan fo sgéith nam mòr-bheann.

Fhir a shiùbhlas thar thonnan uaibhreach,
A dh' ionnsuidh Innseachan cian nan cuantan,
Thoir gach sìod' agus nì tha luachmhor,
A dh' ionnsuidh Màiri a rinn mo bhuaireadh.

Eoin a 's moiche a théid air sgiathan,
'S a dhìreas suas ann an àird na h-iarmailt,
'N a bitheadh latha 'thig fad na bliadhna
Nach seinn sibh ceòl do mo Mhàiri chiataich.

Ach cha dean eala air slios nam mòr-thonn,
Cha dean smeòrach am badan bòidheach,
Cha dean gach inneal-ciùil ach crònan,
'N uair a sheinneas mo Mhàiri bhòidheach.

Ged a bhithinn gu tùrsach cianail,
'S mi le cùram air mo lìonadh,
Ni do ghnùis-sa tha mar ghrian domh,
Mo chridhe sunntach 'n uair thig thu m' fhianuis.

Gu 'm bu slàn do mo Mhàiri bhòidheach,
. Ge b' e àite 's am bi i 'chòmhnuidh,
'S e mo dhùrachd-sa 'm fad 's is beò mi
Gu 'm bi gach sòlas aig Màiri bhòidheach.

NA TRI EOIN.

THE following stanzas were recited to the editor as a song, of which the first verse "Na trì eòin" was the chorus. The story was that the woman to whom they were composed was a second wife, of evil temper and harsh conduct, who was especially unkind, after the proverbial manner of stepmothers, to the children of the first wife, who are characterized as *na tri eoin* (the three fledgelings). Part of it, stanzas 5 and 6, has appeared in Nicolson's Proverbs. I cannot say whether the rest ever appeared in print.

RANN DO DHROCH MHNAOI.

Na trì eoin fhionn-gheal dhonn,
Fhionn-gheal dhonn, fhionn-gheal dhonn ;
Na trì eoin fhionn-gheal dhonn,
B' e sud na trì eoin.

Mi leam fhéin so 's mi leam fhéin,
Chaidh mi butarscionn 's mo bhean,
'N uair their mise "'s dubh am fitheach"
'S e their is' "tha 'm fitheach geal."

Chuir mi mo làmh anns a chliabh,
'S fiosrach Dia na thug mi ás,
Bean gun ghaol, gun cheòl, gun rian,
Chum mi fo riasladh so fo airc.

Dheanainn tigh air làrach lom,
Chuirinn bonn ri maide cas,
Their i, agus car 'na ceann,
" 'S mairg a rachadh ann a steach."

Teĩne 'ga fhadadh an loch,
'Bhi tiormachadh cloich an cuan,
Teagasg 'g a thoirt do mhnaoi bhuirb,
Mar bhuil ùird air iarrunn fuar.

Cha chudthrom air locha lach,
Cha chudthrom air each an t-srian,
Cha chudthrom air caora h-olann,
Cha chudthrom air coluinn ciall.

Dheanainn cur 'us dheanainn buain,
Dheanainn cruach mar fhear a chàch,
Their ise ma robh i beò,
" Mar bi i 'na tòrr air làr."

'S ann agam fhéin a tha phìob,
'S i is fìnealta ni ceòl,
Gun aon ghlaodh a chur 'na màl,
Cumaidh i 'n aon ràn 's i beò !

Bean is caise na tom fheanntag,
'S ni 's aimhreite na tom dhrisean,
Bean is teodha na seachd teinntean,
Bean chruaidh chrainntidh, chràidh i mise.

A' CHRIOCH.

ARCHIBALD SINCLAIR; CELTIC PRESS, 10 BOTHWELL STREET, GLASGOW

GAELIC BOOKS

AND

WORKS relating to the HIGHLANDS of SCOTLAND,

SOLD BY

ARCHIBALD SINCLAIR,

PRINTER & PUBLISHER, CELTIC PRESS,

10 BOTHWELL STREET,

(North-West Corner of Hope Street,)

GLASGOW.

DICTIONARIES AND GRAMMARS.

Etymological Dictionary of the Gaelic Lan-
guage, by Alex. MacBain, M.A. (In the press.) 　0 10　0

Gaelic Conversations.—Comhraidhean an
Gaidhlig's am Beurla. Conversations in Gaelic and
English, by Rev. D. MacInnes, with an introduction
by Prof. Blackie. New Edition, cloth, 　　　0　1　0

Gillies (H. C., M. B., &c.)—Gaelic Texts for Schools
(New Code), with Grammar, Vocabulary, and full
Notes and Exercises on Parsing, Analysis, &c.,
foolscap 8vo, sewed, 　　　　　0　0　6

Macalpine (Neil)—A Pronouncing English-Gaelic
and Gaelic-English Dictionary, to which is prefixed
a concise but most comprehensive Gaelic Grammar,
8th edition, 12mo, cloth,   0 9 0

———— The English-Gaelic part, separate, cloth,   0 5 0

———— The Gaelic-English part, separate, cloth,   0 5 0

Macleod and Dewar's Dictionary:—
A Dictionary of the Gaelic Language. in two parts ;
first part comprising a comprehensive Vocabulary
of Gaelic words, with their different significations
in English, and the second part comprising a
Vocabulary of English words, with their various
meanings in Gaelic, new edition, thick demy 8vo,
cloth, 1007 pages, cloth,   0 12 6

Macbean (L.)—Elementary Lessons in Gaelic, post
8vo, cloth,   0 1 0

———— Guide to Gaelic Conversation and Pronunciation,
with Dialogues, Phrases, &c., post 8vo, cloth,   0 1 6

MacFarlane (M.)—The Phonetics of the Gaelic
Language, with an exposition of the current orthog-
raphy and a system of phonography, cloth,   0 1 6

Macpherson (D. C.)—Practical Lessons in Gaelic,
for the use of English-speaking Students, with
Vocabularies, crown 8vo, sewed,   0 1 0

Mackellar (Mrs. Mary)—The Tourist's Hand-Book
of Gaelic and English Phrases, with Pronunciations,
oblong 16mo, sewed,   0 0 6

Munro (James)—A New Gaelic Primer, containing
elements of Pronunciation, an abridged grammar,
formation of words, a list of Gaelic and Welsh
vocables of like signification, also a copious vocabu-
lary, with a figured orthoepy, and a choice selection
of colloquial phrases on various subjects, having the
pronunciation marked throughout, 6th edition,
crown 8vo, sewed,   0 1 0

Scottish Gaelic as a Specific Subject,
Stage I., compiled by a Committee of the Highland
Association, 2nd edition, crown 8vo, limp cloth. 1893 0 1 0

Stewart (A.)—Elements of Gaelic Grammar, in four
parts, with preface by the late Rev. Dr. M'Lauchlan,
crown 8vo, cloth,   1886 0 3 6

FOLK-LORE.

SCOTCH GAELIC TRADITION.

Antient Erse Poems, collected among the Scottish
Highlands, in order to illustrate the "Ossian" of Mr.
Macpherson, 8vo, sewed,   0 1 0

Campbell (J. F., of Islay.)—*Leabhar na Féinne*;
Heroic Ballads, consisting of 54,169 lines collected
in Scotland chiefly from 1412 to 1871, copied from
old manuscripts preserved at Edinburgh and else-
where, and from rare books, and orally collected
since 1859, with lists of Collections and their contents,
and with a short account of the documents quoted,
fcap folio, cloth,   1872, 0 5 0

Cameron—Reliquiae Celticae. Texts, papers
and studies in Celtic Literature and philology left by
the late Rev. Alex. Cameron, LL.D. Edited by Alex.
MacBain, M.A., and Rev. John Kennedy, with
portrait and Memoir. Vol. I.—Ossianica. Vol. II.
—Poetry, History and Philology,   1 0 0

Celtic Fairy Tales. Collected and edited by
Joseph Jacobs. Illustrated by J. D. Batten, with
copious Notes on the sources, parallels, and other
points of interest which these tales present to the
folk-lorist. Square cr. 8vo. 1891. xvi, 268 pages.
8 full page Illustrations, numerous head pieces,
vignettes, etc. Fancy cloth,   0 6 0

.*. An admirable gift book for all who wish to become acquainted with the
beauty of Celtic romance, and to familiarize themselves with the problems pre-
sented by Celtic folklore and tradition. Drawn from Irish, Scotch, Welsh and
Cornish sources.

Hyde (Douglas)—Beside the Fire : Irish Gaelic Folk
Stories. Collected, edited, translated, and annotated;
with Additional Notes by Alfred Nutt. 8vo. lviii,
203 pages, cloth,   0 7 6

.*. *The Irish printed in Irish character.*

Joyce (P. W.)—Old Celtic Romances. Translated
from the Gaelic. Second (and cheaper) edition,
revised and enlarged, crown 8vo. xx, 446 pages.
1894. Cloth,   0 3 6

.*. A standard work, the merits of which have been unanimously recog-
nised in this country and America. The first edition was for many years out of
print. This cheaper and enlarged reprint is warmly commended to all lovers of
Celtic romance.

Popular Tales of the West Highlands—
Orally collected, with a Translation. By the late J.
F. Campbell, of Islay. Complete in Four Volumes.
Extra Crown 8vo, Cloth extra, full gilt Celtic design
on side, gilt top. With numerous Illustrations.
Single vols. **7/6.** Complete set of 4 vols,   1 0 0

WAIFS AND STRAYS OF CELTIC TRADITION.—
*Series initiated and directed by Lord Archibald
Campbell, Demy 8vo, cloth.*

ARGYLLSHIRE SERIES.   VOLUME I.

Craignish Tales, collected by the Rev. J. Mac-
Dougall; and Notes on the War Dress of the Celts
by Lord Archibald Campbell. xvi, 98 pages. 20
plates. 1889.   0 5 0

VOLUME II.

Folk and Hero Tales, collected, edited (in Gaelic),
and translated by the Rev. D. MacInnes: with a
Study on the Development of the Ossianic Saga, and
copious notes by Alfred Nutt. xxiv, 497 pages.
Portrait of Campbell of Islay, and Two Illustrations
by E. Griset. 1890.   0 15 0

The most important work on Highland Folk-lore and Tales since Campbell's
world-renowed Popular Tales.—*Highland Monthly.*

Never before has the development of the Ossianic Saga been so scientifically
dealt with.—*Hector Maclean.*

No such interesting work has appeared since the publication of the West
Highland Tales.—*Nether Lochaber.*

VOLUME III.

Folk and Hero Tales, collected, edited (in Gaelic),
translated and annotated by the Rev. J. MacDougall,
with an introduction by Alfred Nutt, and Three
Illustrations by E. Griset. xxxiv, 312 pages, cloth, 0 10 6

CONTENTS.

How Finn kept his Children for the Big Young Hero of the Ship, and how
Bran was found.—Finn's Journey to Lochlan, and how the Grey Dog was found
again.—The Lad of the Skin Coverings.—How Finn was in the house of Blar-
Buie (Yellow-Field), without the Power of Rising up or of Lying down.—The
Smith's Rock in the Isle of Skye.—The Bare-Stripping Hangman.—A Tale of
the Son of the King of Ireland, and the Daughter of the King of the Red Cap.—
The Son of the Strong Man of the Wood, who was Twenty-one Years on his
Mother's Breast.—The Farmer of Liddesdale.—A Tale about the Son of the
Knight of the Green Vesture, performing Heroic Deeds which were Famed on
Earth Seven Years before he was Born.

VOLUME IV.

The Fians: West Highland Traditions of Fionn Mac Cumhall and the Fians,
Collected during the past forty years, edited (in Gaelic), and translated by the Rev. J. G. Campbell of Tiree, with Introduction and Bibliographical Notes by Alfred Nutt. Portrait of Ian Campbell of Islay, and Illustration by E. Griset. xl, 292 pages, cloth,   0 10 6

CONTENTS.

Conlaoch and Cuchulain.—Deirdre.—I. Fionn Mac Cumhail.—Oscar.—Battle of Gavra.—III. Goll.—IV. Dermid.—V. Caoilte.—Lay of the Smithy.—VI. Conan.—The Cattle of the Fians.—End of the Féinne.—Ossian after the Fians.—Lay of the Red Cataract.—Stormy Night.—Manus.—Alvin.—Conn, Son of the Red.—The Muileartach.—The Lay of the Smithy.—Brugh Farala.—The Day of the Battle of Sheaves, in the True Hollow of Tiree.—Fin Mac Coul in the Kingdom of the Big Men.—How Fionn found his Missing Men.—Fionn and his Men.—How Fionn found Bran.—Fionn and Bran.—Ceudach, Son of the King of the Colla Men.—How Fionn was in the House of the Yellow Field.—Fionn's Ransom.—Numbering of Duvan's Men.—The Lad of the Skin Coverings.

VOLUME V.

Tales and Traditions of the Western Highlands, Collected and edited by the late Rev. J. G. Campbell of Tiree. (In the press.)

CONTENTS.

CLAN TRADITIONS.—Macleans of Duart.—Death of Big Lachlan Maclean, Chief of Duart.—Macleans of Coll.—Browns of Tiree.—The Story of Mac an Uidhir (Gaelic and English).—Steeping the Withes.—Little John of the White Bag.—The Killing of Big Angus of Ardnamurchan.—The Last Cattle Raid in Mull.—Lochbuy's Two Herdsman (Gaelic and English).—Macneill of Barra and the Lochlinners.—Finlay Guionar.—Big Deur of Balemartin, Tiree. The Big Lad of Dervaig.—Donald Gorm of Sleat.—The Black Raven of Glengarry.—The Old Wife's Headland.—A Tradition of Islay.—Fair Lachlan, son of Fair Neil of Dervaig.

LEGENDARY HISTORY.—Princess Thyra of Ulster and her Lovers: a story of Lochmaree.—Garlatha: A tradition of Harris.

STORIES ABOUT THE FAIRIES.—A Lewis Housewife and her Fairy Visitors.—The Wise Woman of Duntulm and the Fairies.

FOLK TALES.—The Two Brothers: a tale of Enchantment.—Pitch Pine, daughter of the Norse King, and how she thinned the woods of Lochaber (Gaelic and English).—O'Neil, and how the Hair of his Head was made to grow (Gaelic and English).

BEAST FABLES.—The Wolf and the Fox.—The Fox and the Bird.—The Wren.—The Two Deers.—The Two Dogs.

GAMES.—King and Kite.—Parsan's Mare has gone Amissing.—Hide and Seek.

MUSIC AND SONGS.

A' Choisir-Chiuil, Part I, II, and III.—The St. Columba Collection of Gaelic Songs, arranged for Part-Singing, royal 8vo. Staff or Sol-fa.   each,   0 0 6

An t-Eileanach Original Gaelic Poems, Songs, and Readings, by John MacFadyen, crown 8vo, cl.,   0 2 6

Full of humour, the Gaelic Readings being well adapted for recital at Gaelic entertainments. . . . . The author is a born humourist.—*Glasgow Herald.*

The *Eileanach* is good value. It is full of rich humour, we hardly open a page but we find something to raise a smile. The Gaelic Readings cannot fail to be appreciated at Gaelic entertainments.—*Oban Times.*

Mr. MacFadyen's Gaelic is remarkably good, and *An t-Eileanach* is a book that will supply many a Highland fireside with matter of entertainment for the winter evenings, and be useful again in the summer time when a song or a story becomes a felt want.—*Oban Telegraph.*

We have been favoured with a copy of the above book, and, having looked over it, have no hesitation in saying that it is the cheapest half a-crown's worth of Gaelic literature that we have ever seen. The book is also valuable as a specimen of the pure and idiomatic Gaelic of the west coast of Argyll, and every Highlander able to read his mother tongue should possess a copy.—*Oban Express.*

An t-Oranaiche, by Sinclair. The Collections contains nearly three hundred of the most popular Gaelic Songs, forming a handsome volume of 527 Pages, Demy 8vo., printed in bold clear type, on thick toned paper, handsomely bound, full cloth gilt,   0 10 6

——— A limited number of copies, elegantly bound half-calf, Gilt Edges (suitable for presentation),   0 14 6

——— Parts 1, 2, 3, 4, and 5,   each 0 1 6

The book is simply and beyond question the best and most complete, as it is the largest Collection of Gaelic Popular Songs existing.—*Prof. Mackinnon, Edinburgh.*

In every way the best Collection of Gaelic Poetry that has yet appeared—*Rev. Dr. Stewart, "Nether Lochaber."*

One of the best printed books we have ever seen.—*Scotsman.*

The *Oranaiche* ought to be found in the library of all who love the Gaelic language.—*Oban Times.*

The value of such a book cannot be over estimated.—*Highlander.*

Out of sight the best Collection of miscellaneous songs in existence.—*Perthshire Advertiser.*

An Uiseag. (The Lark.)—Gaelic Songs for Schools,
in two-part harmony. (Sol-fa notation.) Edited
and arranged by M. MacFarlane and Henry Whyte,   0   0   3

Am Filidh Gaidhealach, a Collection of Gaelic
Songs,   0   1   0

Celtic Lyre (The)—A Collection of Gaelic Songs,
with English translations, and Music in both
notations, by Fionn, Parts I., II., III., and IV.,
fcap 4to, sewed,   each   0   0   6

We most heartily recommend the *Lyre.* It is neatly got up, and the
arrangement of the text is perfect. . . . . The airs are as nearly correct
as possible.—*Oban Times.*

The Collection is unique and interesting.—*Musical Education.*
An interesting Collection of Gaelic Melodies.—*Glasgow Herald.*

It is an admirable Collection and we highly commend it to those interested
in such, and what Gael is there that should not be so.—*Perthshire Constitutional.*

The melodies are noted in true modal form. . . . . The topography,
paper, and general appearance of the work are all that can be desired.—*N.B.
Daily Mail.*

Gaelic Bards (The), and Original Poems, by
Thomas Pattison, edited, with a biographical sketch
and notes, by the Rev. John G. MacNeill, Cawdor.
Second Edition, crown 8vo, *with portrait,*   0   3   6

Pattison was the pioneer of English translators of Gaelic Poetry, and for
faithfulness and force we question if he has yet been equalled. . . . . . .
The present edition has had the advantage of careful editing by a brother
islesman in full sympathy with the author and his work, and the result is a
handsome and valuable addition to our Celtic literature.—*Oban Times.*

The editor has done his work well. . . . . Pattison's translations are
excellently and felicitously done. . . . . The book is a Gaelic anthology
and we might say a manual of poetic literature of the Scottish Gael.—*Highland
News.*

The translations are remarkable not only for their fidelity to the letter of
the originals, but for the fresh and sympathetic manner in which the poetic
spirit of the old bards is renewed and made to live in the English form.—
Glasgow Herald.

It is wonderful how well Pattison succeeded in retaining sense and metre
in his translation of Macdonald's "Birlinn."—*Northern Chronicle.*

To the purely English reader, wishing to get a knowledge of Gaelic Poetry,
it is the most suitable translation we know, giving in short compass a faithful
review of the work of the Gaelic bards of the past in graceful language.—
Oban Express.

It is a handsome volume of 278 pages, and is sure to receive a hearty
welcome at the hands of a wide circle of readers.—*Scotsman.*

Celtic Garland: a Collection of Gaelic and English Songs, with Translations, and Humorous Gaelic Readings, by Fionn,   0 3 0

"FIONN" has done his work well. I do not know any one at present labouring in this department of Celtic literature so competent to undertake the publication of such a work.—*Prof. MacKinnon, Edinburgh.*

"FIONN" is among the very best writers of Gaelic that I know in the present day. . . . . The original prose compositions are very genuine fireside Gaelic, such as is rarely to be met with in print in the present day.— *Rev. Archibald Clerk, LL.D., Kilmallie.*

The work is most interesting and valuable as we could expect from our friend "FIONN."—*Rev. Alexander Stewart, LL.D., "Nether Lochaber."*

In this work the English and Gaelic versions are arranged on opposite pages, and as the language is pure and grammatical the *Garland* seems admirably adapted as a text book for the acquirement of the Gaelic language.— *N.B. Daily Mail.*

Gaelic Melodist, (The)—Being a Collection of the most Popular Highland Love Songs, collected and arranged by John Mackenzie, editor of "The Songs of William Ross," &c., 48mo, sewed,   0 0

Harp of Caledonia, Gaelic Songs, 32mo, sewed,   0 0 4

Homes and Haunts of Robert Burns.— A Popular Reading, by Rev. R. Lawson, with 19 Musical Illustrations from Burns' Songs, specially arranged for Part-Singing. Sol-fa or Staff Notation,   0 0 3

Embodies a very happy idea, in a fashion worthy of all praise, and cannot fail to be popular in any part of the world where Scotchsmen are congregated. The musical illustrations are effectively arranged.

It may be doubted if the Story of Burns' Homes and Haunts has ever been better told.—*Scotsman.*

Livingston's Gaelic Poems, with a brief sketch of his life, by the Rev. Robert Blair, M.A., *with portrait,*   0 2 6

Macbean (L.)—The Songs of the Gael, a Collection of Gaelic Songs, with Translations, and Music in both notations, Part I. and II., fcap 4to, sewed,   each,   0 0 6

—— The Songs and Hymns of the Scottish Highlands, with Music, translations, and Introductory Essay, cloth,   1888 0 3 0

MacCallum (D.)—*Sop as gach Seid*, Songs, 18mo, 2
parts, Sewed,   each   0   0   3

MacColl (Evan)—*Clarsach nam Beann*, Dain agus
Orain, Poems, with portrait, post 8vo, cloth,   0   2   6

Macdonald (Alexander)—Eiseirigh na Seann Chan-
ain Albannaich : Revival of the Old Alban Tongue,
or the new Gaelic Songster, 18mo, cloth,   0   2   0·

M'Dougall (John)—The Warbler, containing an Elegy
on the late Most Noble Marquis of Breadalbane, also
a Gaelic Song to his Lordship's Volunteers, 12mo,
sewed,   0   0   3·

———— Gaisge nan Gaidheal : Orain agus Dain le Iain
MacDhùghaill a Aird-Ghobhar,   0   1   0·

MacIntyre (Duncan Bàn)—Songs and Poems in Gaelic
with an English Translation of Coire Cheathaich and
Ben Dorain, 18mo, cloth,   0   1   6·

Mackay's (Rob Donn) Songs and Poems,   0   2   6·

Mackenzie's (J.)—Beauties of Gaelic Poetry, large
paper edition, royal 8vo. *Scarce.*   1   1   0·

Maclean (Hector, M.A.I.)—Ultonian Hero-Ballads
with English Translation, crown 8vo, *with portrait,*   0   3   6·

MacLeod (Neil)—*Clarsach an Doire*, Gaelic Poems,
Songs, and Readings, second edition, enlarged,
crown 8vo, cloth, *(portrait),*   0   3   0·

Macpherson (D.)—*An Duanaire*, a new Collection
of Gaelic Songs and Poems (never before printed),
18mo, cloth,   0   1   0·

Mackellar (Mrs. Mary)—Poems and Songs, Gaelic
and English, crown 8vo, gilt top, cloth,   0   3   6·

Menzies (A.)—Collection of Gaelic Songs, crown 8vo,
cloth,   0   3   0·

Mountain Songster (The)—Filidh nam Beann,
18mo, sewed,   0   0   6·

Munro.—An t-Ailleagan ; eo-chruinneachadh Dhàn,
Oran, agus Dhuanag, 32mo, sewed,   0   0   4·

National Choir (The)—Standard Songs for Part-Singing, Original and Arranged, adapted for Choirs, Classes, and the Home Circle, monthly, *Staff or Sol-fa*,   0 0 1

—— Yearly Parts, with Notes to the Songs—Historical, Personal, and Critical,   each,   0 1 0

—— The First Four Yearly Parts in One Vol., with Notes to the Songs, and Preface by Prof. Blackie,   0 5 0

Nothing better could be selected as a gift book for friends at home or over the sea than this large and varied Collection of our finest National Songs.

"The arrangements are ably written."
"Really a National Handbook of Part Music."
"A veritable Treasure-house of harmonised Lyric beauties."
"The best and most complete Selection of Part Songs published."
—*Press Notices.*

In ordering Nos. or Parts, please say Staff or Sol-fa.

Ossian.—Poems, revised by Dr. M'Lauchlan, cloth,   0 2 0

—— The same, in English, 32mo, cloth,   0 2 0

Prince Charlie and the '45.—Popular Reading, with 22 of the best Jacobite Songs arranged as Solos, and for Part-Singing, by Alan Reid. Staff or Sol-fa   0 0 3

All Scotland has cause to thank the author for this excellent work.—*Prof. J. Stuart Blackie.*

Exceedingly comprehensive, well written, and intensely interesting.—*Brechin Advertiser.*

The manner in which the songs have been arranged for Solos and Part-Singing shows the work of a skilled musician.—*Forfar Herald.*

Ross (Wm.) Gaelic Songs, 18mo, cloth,   0 1 6

Sinclair (Rev. A. Maclean)—*Clarsach na Coille*: A Collection of Gaelic Poetry, 18mo, cloth,   0 3 6

Smith (Dr.)—Sean Dana, with English Translation and Notes, by C. S. Jerram, fcap 8vo, cloth,   0 1 6

Stewart (Col. Charles)—The Killin Collection of Gaelic Songs, Music and Translations, 4to, cloth,   0 12 6
—— The same in better binding,   0 15 0

The Uist Collection of Gaelic Poetry, being the works of John MacCodrum, Archd. M'Donald *(Gille-na Ciotaig)*, and other bards, many of the pieces being now published for the first time. Edited with a copious introduction and explanatory notes by Rev. Archd. M'Donald, Minister of Kiltarlity,   0 2 6

GAELIC SACRED POETRY.

Buchanan (Dugald)—The Life and Conversion of
Dugald Buchanan, with his Spiritual Hymns, in
Gaelic, 18mo, cloth,   0 2 0

—— The Hymns, separately, 18mo, sewed,   0 0 3

—— In English, by Macbean, sewed, 1s., cloth,   0 1 6

—— Reminiscences, with his Hymns in Gaelic and
English, by the Rev. A. Sinclair, Kenmore, 12mo,
cloth,   0 2 6

Cameron (Donald)—Laoidhean Spioradail le Domh-
null Camashron, a bha 'na Mhaighstir-sgoil Gailig
'an Eilean Uibhist.   Maille re beagan eile Laoidhean
le Ughdaran eile.   1891.   0 0 6

Campbell (D.)—Collection of Gaelic Hymns, cloth,   0 0 6

Clark (Mrs.)—Three Gaelic Poems, translated into
English, and an Elegy, with short Memoir on
Kenneth M'Donald by John Kennedy, 18mo, sewed,   0 0 3

Farquharson (A.)—*Laoidhean Shioin*, 12mo, cloth,   0 1 0

Grant (Peter)—*Dain Spioradail*, Gaelic Hymns, 18mo,
cloth,   0 1 6

Laoidhean Eadar-theangaichte o'n Bheurla, cloth,   0 0 6

MacBean (L.)—The Sacred Songs of the Gael, a
Collection of Gaelic Hymns, with translations, and
Music in both notations, Part I. fcap 4to, sewed,   0 0 6

MacCallum (Dr. A. K.)—Laoidhean agus Dain
Spioradail.   Air an tional agus aireamh dhuibh air
an Eadar theargachadh leis an Urramach Gilleasbuig
K. Mac Caluim M.A., LL.D.   Edited and arranged
by John Whyte, cloth gilt, over 500 pages,   0 2 6

Macdonald (Dr. J. Ferintosh)—*Marbhrainn* a rinn-
eadh air Diadhairibh Urramach, nach maireann ;
agus Dana Spioradail eile, 18mo, cloth,   0 1 6

Maclean (J.)—*Dain Spioradail*, maille ri beagan de
Laoidhean Mhic Griogair, nach robh gus a so air an
clo-bhualadh ; Gaelic Hymns, by John Maclean and
others, 18mo, cloth,   0 1 0

Morison (John)—Dain Iain Ghobha. The Poems of John Morison, the Song-smith of Harris, Collected and Edited with a Memoir by George Henderson, M.A. Vol. I, lxxv, 315 pages, cloth,   0 3 6

Stewart (P.)—Dain Ghaidhealach le Pàruig Stiùbhart, nach maireann, a bha chomhnuidh 'an Gleann-Liobhann, paper cover, 2d. Cloth,   0 0 4

MISCELLANEOUS.

Baxter (R.)—A Call to the Unconverted to Turn and Live, in Gaelic, 18mo, cloth,   0 1 0

Baxter (R.)—The Saint's Everlasting Rest, in Gaelic, 18mo, cloth,   0 1 6

Boston's Four-fold State, in Gaelic, cloth,   0 3 6

Book of Common Prayer.—Gaelic Version, Demy 12mo, *in the press.*

Bunyan (John)—The Pilgrim's Progress, 18mo,   0 1 6

Bunyan (John)—Come and Welcome to Jesus Christ, 18mo, cloth,   0 1 0

Bunyan (John)—The World to Come, 18mo, cloth,   0 1 0

Bunyan (John)—Grace Abounding to the Chief of Sinners, 18mo, cloth,   0 1 0

Bunyan (John)—*Uisge na Beatha*; The Water of Life, 18mo, cloth,   0 1 0

Bunyan (John)—Sighs from Hell, 18mo, cloth,   0 1 0

Bunyan (John)—The Heavenly Footman, 18mo, cloth,   0 1 0

Catechism—*Leabhar-Aithghearr-nan-Ceist*, Le Eoin Domhnullach, Ministeir ann an Sgire na Toisidh-eachd,   0 0 1

Catechism—In Gaelic, by Dr. Thomas Ross,   0 0 1

Celtic Monthly, an illustrated Magazine for Highlanders, 3d, per post,   0 0 4

Clerk (M. C.)—A Birthday Book. or Highlander's Book of Days, in Gaelic and English, selected from "Ossian," Sheriff Nicolson's "Proverbs," and other sources, with Introduction by Principal Shairp of St. Andrews University, fcap 8vo, cloth,   0 3 6

Confession of Faith, in Gaelic, fcap 8vo, cloth,   0 2 0

Crofters.—The Crofter in History, by Lord Colin Campbell ("Dalriad") crown 8vo, cl, (pub. 2s.)   0 1 0

CONTENTS.

Decline of Feudalism ; Powers of a Chief under the Clan System ; Condition of the Highlands and Islands in the 16th and 17th Centuries; Buchanan's Account of the Western Hebrides ; Origin of the Modern Crofter ; The Policy of Sheep Walks.

Disruption Worthies of the Highlands, a Series of Biographies of Eminent Free Church Ministers who suffered in the North of Scotland in 1843, for the Cause of Religious Liberty, enlarged edition, with additional Biographies, and an Introduction by the Rev. Dr. Duff, illustrated with 24 full-page portraits and facsimiles or the autographs of eminent Free Churchmen, 4to, handsomely bound in bevelled cloth gilt, (pub. £1 1s.)   0 6 0

Doddridge (P.)—Rise and Progress of Religion ; in Gaelic, 12mo, cloth,   0 1 6

Dyer (W.)—Christ's Famous Titles, Believer's Golden Chain, and the Straight Way to Heaven, &c., in Gaelic, 18mo, cloth,   0 1 6

Earle (J.)—Sacramental Exercises, in Gaelic, 18mo, cl.,   0 1 0

Flavel (E.)—Tokens for Mourners, in Gaelic, 18mo, cl.,   0 1 0

Flora Macdonald in Uist, by William Jolly, one of Her Majesty's Inspectors of Schools, portrait, crown 8vo, sewed, (pub. 1s.),   0 0 6

Gaelic Society of Glasgow—Transactions of, from 1887 to 1891, containing Contributions on the Gaelic Language, Celtic Philology, Literature, and Music, the Elucidation of Celtic Antiquities, &c., &c., by Eminent Gaelic Scholars, 306 pages, crown 8vo, cloth.   Glasgow, 1891.   0 2 0

Gaelic School Books.—Leabhraichean airson nan
sgoilean Gae'lach, Book, I.—price 0 0 2

—— Book, II, **3**d ; Book, III, **6**d ; Book, IV, **8**d.

Gaidheal (An), The Gael—A Gaelic Magazine,
bound in cloth, for 1875, 1876, and 1877. Articles
in English and Gaelic, each 0 5 0
Odd numbers to complete sets can be had, ,, 0 0 6

Guthrie (W.)—The Christian's Great Interest, in
Gaelic, 18mo, cloth, 0 1 ·6

History of Cawdor, with Biographical Notices of
its Ministers, from 1567 to 1893 (illustrated), by
Rev. John George MacNeill, Free Church Minister
of Cawdor. 0 1 0

Logan's Scottish Gael, or Celtic Manners of the
Highlanders, New Edition, Edited by Dr. Stewart,
" Nether Lochaber," plates, 2 vols, 8vo, cl, (pub. 28s.) 0 12 6

M'Callum's (U.D.)—History of the Church of Christ,
in Gaelic, 8vo, cloth, 0 1 6

Macfarlane (P.)—Life of Joseph, in Gaelic, 18mo, cl., 0 1 0

Mackenzie (A.)—History of Scotland, in Gaelic, 12mo 0 2 6

M'Lauchlan (Rev. Dr. Thomas)—Celtic Gleanings, 0 2 6

Macleod (Dr. Norman)—*Caraid nan Gaidheal*, The
Highlanders' Friend ; square 8vo, nicely bound in
half calf, marbled edges, 0 18 0

MacLeod (Donald)—Scottish Highland Clearances—
Gloomy Memories in the Highlands of Scotland
versus Mrs. Harriet Beecher Stowe's Sunny Memories
in (England) a Foreign Land ; or, a Faithful Picture
of the Extirpation of the Celtic Race from the High-
lands of Scotland, 8vo, paper covers **1**/, cloth, 0 2 0

Macneill (Nigel)—The Literature of the Highlanders,
a History of Gaelic Literature from the earliest
times to the present day, crown 8vo, cloth, uncut,
Inverness, 1892. 0 5 0

M'Rury Rev. John, (Snizort)—Eachdraidh Beatha
Chriosd : Life of Christ, crown 8vo, 0 3 0.

Masson (Donald, M.A.)—Vestigia Celtica : Celtic
Footprints in Philology, Ethics, and Religion, crown
8vo, sewed,   0 1 0

Massacre of Glencoe (The), 1692, being a
Reprint of a Contemporary Account of that Ruthless
Butchery, post 8vo, cloth, or parchment covers,   0 1 6·

Nicolson (Alex., M.A., LL.D.,)—A Collection of
Gaelic Proverbs, and Familiar Phrases, second
edition, crown 8vo, cloth,   0 6 0·

———— The same, large paper, 4to, half roxburghe   1 1 0·

Ossian.—Life and Letters of James MacPherson, con-
taining a particular account of his famous quarrel
with Dr. Johnson, and a sketch of the origin and in-
fluence of the Ossianic poems by Bailey Saunders.
(with portrait of MacPherson.)   1894.   0 7 6·

Owen (Rev. J.)—*Air Diomhaireachd Ghlormhoir Pearsa
Chriosd ;* The Person of Christ, 8vo, cloth,   0 1 6·

Psalms and Paraphrases in Gaelic only, large
type, 18mo, cloth, gilt edges,   0 1 0·

Psalms and Paraphrases—Psalms of David,
and Paraphrases, with Gaelic and English on parrallel
columns, 18mo, cloth,   0 1 0·

Queen (Her Majesty)—Duilleagan á leabhar cunntas
ar Beatha anns a' Ghadhalltachd bho 1848 gu 1861,
translated by the Rev. J. P. St. Clair, illustrated,
crown 8vo, cloth,   0 2 6·

———— Cunntas mo bheatha anns a' Ghaidhealtachd, bho
1862 gu 1882. Second Series, translated by Mrs.
Mary MacKellar, illustrated, crown 8vo, cloth,   0 2 6

Rainy (C.)—*An Soisgeul ann an India*, translated into
Gaelic by Rev. J. G. MacNeill, Cawdor,   0 2 6·

Robert Burns.—Chronicle of the Hundredth Birth-
day of Robert Burns, collected and edited by Jas.
Ballantyne. With Steel Engravings, over 600 pages,
giving reports of the proceedings at 872 meetings
held in Great Britain and the Colonies, cloth, price, 0 10 6·

0

Ross-shire Wanderer (The)—*Fearchar-a-Ghunna*, the Ross-shire Wanderer, his Life and Sayings, *portrait*, crown 8vo bds.   1887.   0 1 6

Scottish Clans and their Tartans (The), 96 full-page Tartans, carefully printed in colours, from authentic Records, the Historical Accounts of the various Clans being mostly extracted from Grant's "Tartans and Clans of Scotland," also from Logan's "Scottish Gael," and M'Ian's "Clans"; several original histories, and the list of the dyes for staining the tartans, are by D. M'Isaac of Oban, square 16mo, Victorian tartan cloth, W. & A. K. Johnston.   0 2 6

Seirbhis a' Chomanachaidh: Gaelic Communion Service, fcap 8vo, cloth, 1/, sewed,   0 0 6

Smith (John, D.D.)—*Urnuighean airson Theaghlaighean, &c.*, "Prayers for Families," &c., 12mo, cloth,   0 1 0

St. Kilda—(J. Sands)—Out of the World; or, Life in St. Kilda, illustrated, crown 8vo, cloth,   0 2 6

Stewart's (General David, of Garth)—Sketches of the Character, Institutions, and Customs of the Highlanders of Scotland, cr. 8vo, cl, (pub. 5s.) Inverness   0 2 6

Stewart's Sketches of the Highlands and Highland Regiments are worthy to rank beside the Highland works of Sir Walter Scott, or even more worthy, for facts are stronger than fiction. Every Scottish lad should have the book in his hands as soon as he is able to read.

Any book or publications, not in Stock, supplied on the shortest notice.

Books bound in any style of Binding.

Glasgow, 1894.